Just Another Holy Book (JAHB) Sourcing

Mike Spiritfair Marty

Get a JAHB, LLC: Milwaukee

Bibliographic Data

©1997 Michael Scott Marty (Chapters 7-8 credits)
©2006 Michael Spiritfair Marty (Chapters 1-6, 9-12 credits)
    (Completion date: April 21, 2006)

All rights reserved. No part of this artistic expression may be used or reproduced in any manner whatsoever without prior written permission of the author, except in the case of brief quotations embodied in reviews.

Get a JAHB, LLC (Publisher)
Mike Spiritfair Marty (Imprint) is the author and arranger of this
    particular expression of the Word of God (for antitrust
    competitive purposes)

Library of Congress Cataloging-in-Publication Data
Names: Marty, Mike Spiritfair, author.
Title: Just another holy book sourcing / Mike Spiritfair Marty, BLS, BA, MBA.
Description: Get a JAHB paperback edition. | Milwaukee, WI : Get a JAHB, LLC, 2025.
Identifiers: LCCN 2025921729 | ISBN 979-8-9985773-3-8 (paperback)
Subjects: LCSH: Christianity--History--By period. The Bible--Modern texts and versions. Political science--Political theory--Consensus--Consent of the governed. Law--Religious law in general--Comparative religious law. Language and literature--Literature--Collections--Literary extracts. BISAC: BIBLES / Multiple Translations / Text | LAW / General | POLITICAL SCIENCE / Religion, Politics & State | RELIGION / Christian Theology / History
Classification: LCC BS125-198.B52 M32 2025 | DDC 209.019 M32

    First Edition: Has brief table of contents and word by word,
        phrase by phrase, verse by verse documentation

Dedication

Dedicated to Hus and Wycliffe (and RACKC)

Introduction

This holy remix of the Christian Bible is about one-eighth the length, and it employs excerpts from nine orthodox versions: King James (KJV), New American (NAB), New American Standard (NASB), New International (NIV), New King James (NKJV), Revised Standard (RSV), The Amplified (TAB), Today's English (TEV), and The Living (TLB).

A "+" has been placed in front of all verses in which one or more words have been changed from the original verse. A "+" has not been placed in front of verses in which only punctuation or capitalization has been altered nor in front of verses in which, for example, "Job" has been respelled as "Joebh," or in which YAH-way, God, Christ, He, or the LORD have been interchanged with each other. Sometimes, though, especially perhaps in the first two sections (History and Poetry), words have been mixed all around and their order changed, though the verse listing is intended to show in what way the words have been rearranged. If there are a lot of verse references for a short verse, presumably the word order has been significantly adjusted to create a particular idea.

Also, Tab 1 is for the setting, Tab 2 is for "God speaks," Tab 3 is for a human speaker, Tab 4 is for the adversarial spirit, and Tab 5 is for a human critic--generally, this is the structure.

This rearranged version is intended not to replace the Bible but to excite people to read their unabridged versions, though, ideally, *Just Another Holy Book* is an improvement in some aspects over the unabridged versions. A condensed work, however, is rarely, if ever, able to match the value of a great original.

Bibliographic Data	2
Dedication	3
Introduction	4
Verse Credits	11
History	11
Poetry	19
Piety	32
Folly & Iniquity	42
Prophecy	51
Philosophy	63
Vivacity (Viva City)	71
Tenacity	77
Sapiency	80
Probity	84
Purity	89
Beauty	95

Just Another Holy Book (JAHB) Sourcing

-- 2 Esdras 14:47 (TEV)

Scripture quotations marked (KJV) are taken from the KING JAMES VERSION, public domain.

Scripture quotations marked (NAB) are taken from the NEW AMERICAN BIBLE© 2010, 1991, 1986, 1970 Confraternity of Christian Doctrine, Washington, D.C.

Scripture quotations marked (NASB) are taken from the NEW AMERICAN STANDARD BIBLE®, Copyright© 1960, 1962, 1963, 1968, 1971, 1972, 1973, 1975, 1977, 1995 by The Lockman Foundation.

Scripture quotations marked (NIV) are taken from THE HOLY BIBLE, NEW INTERNATIONAL VERSION®. Copyright© 1973, 1978, 1984, 2011 by Biblica, Inc.™.

Scripture quotations marked (NKJV) are taken from the NEW KING JAMES VERSION®. Copyright© 1982 by Thomas Nelson, Inc.

Scripture quotations marked (RSV) are taken from the REVISED STANDARD VERSION, Grand Rapids: Zondervan, 1971.

Scripture quotations marked (TAB) are taken from the AMPLIFIED® BIBLE, Copyright© 1954, 1958, 1962, 1964, 1965, 1987 by the Lockman Foundation.

Scripture quotations marked (TEV) are taken from the TODAY'S ENGLISH VERSION first edition Copyright© 1976 American Bible Society.

Scripture quotations marked (TLB) are taken from THE LIVING BIBLE Copyright© 1971. Tyndale House Publishers, Inc., Carol Stream, Illinois 60188. All rights reserved.

Book Abbreviations

Acts -- Acts
Amos -- Amos
Az -- The Prayer of Azariah and the Song of the Three Young Men
Bar -- Baruch
Bel -- Bel and the Dragon
1 & 2 Chron -- 1 & 2 Chronicles
Col -- Colossians
1 & 2 Cor -- 1 & 2 Corinthians
Dan -- Daniel
Dt -- Deuteronomy
Ec -- Ecclesiastes
Eph -- Ephesians
1 & 2 Es -- 1 & 2 Esdras
Es-G -- Esther (Greek)
Es-H -- Esther (Hebrew)
Ex -- Exodus
Ezek -- Ezekiel
Ezra -- Ezra
Gal -- Galatians
Gn -- Genesis
Hab -- Habakkuk
Hag -- Haggai
Hebr -- Hebrews
Hos -- Hosea
Is -- Isaiah
James -- James
Jb -- Job
Jer -- Jeremiah
Joel -- Joel
John -- John
1 & 3 John -- 1 & 3 John
Jon -- Jonah
Josh -- Joshua
Jude -- Jude

Judges -- Judges
Judith -- Judith
1 & 2 K -- 1 & 2 Kings
Lam -- Lamentations
Let -- Letter of Jeremiah
Luke -- Luke
Lv -- Leviticus
1 & 2 Macc -- 1 & 2 Maccabees
Mal -- Malachi
Mark -- Mark
Matt -- Matthew
Mic -- Micah
Nah -- Nahum
Neh -- Nehemiah
Num -- Numbers
Ob -- Obadiah
1 & 2 Peter -- 1 & 2 Peter
Phil -- Philippians
Pr -- Proverbs
Ps -- Psalms
Romans -- Romans
Ru -- Ruth
1 & 2 Sam -- 1 & 2 Samuel
Sir -- Wisdom of the Son of Sirach (Ecclesiasticus)
Song -- The Song of Songs
Sus -- Susanna
Tb -- Tobit
1 & 2 Thess -- 1 & 2 Thessalonians
1 & 2 Tim -- 1 & 2 Timothy
Titus -- Titus
Ws -- Book of Wisdom
Zc -- Zechariah
Zp -- Zephaniah

Verse Credits

History

One

1. 2 Macc 2:23a, TEV
   Dan 10:21b, KJV
2. 2 Macc 2:24b, 25a, 26, 27, TEV
3. 2 Macc 2:28a, TEV
   2 Macc 2:28b, NAB
   2 Macc 2:28c, TEV
   2 Macc 2:28d, NAB
4. 2 Macc 2:29, 32a-c, TEV
5. Sir 40:1b-4, TEV
6. 2 K 19:25b, NKJV
   2 K 17:29, TEV
   2 K 17:29, NAB
7. 2 K 17:30-31, TEV
8. Bar 3:26b-z, TEV
   Bar 3:28, NAB
9. Bar 3:20a,c,d, NAB
   Bar 3:20e, 21, TEV
   Bar 3:22-23b,d-f, NAB
10. Zc 8:10b, NIV
    Zc 8:10c, NASB
11. Jon 1:5b, NKJV
12. Ex 18:11b, TLB
13. Gn 6:8b, 9a, TLB
    Gn 6:9c,d, NIV
    Gn 6:10a, NAB
    Gn 7:5, NKJV
14. Dan 10:11c-e, NKJV
    Hos 11:9c,d, TAB
15. Gn 17:1d, TEV
    Gn 17:1f-i, TAB
16. Ps 32:8, KJV
17. Is 41:11, NASB
18. Gn 15:1c,e, NKJV
19. Jb 33:33b,c, TEV
20. Num 16:22c,d, NKJV
    Ps 31:3d, RSV
21. Jb 33:4a, TLB
    Jb 12:10, NKJV
22. Ps 99:2b, NKJV
23. Ps 104:13b, 14, NASB
24. Jb 12:7b-9, NIV
25. 1 Chron 1:10b, NKJV
    Dan 11:37b, NIV
26. Gn 8:18, RSV
27. Gn 8:15, NKJV
    Gn 9:9b,c, NKJV
28. Jb 4:12, TLB
29. Jb 4:13, TLB
    Ezra 9:4d, NKJV
    Jb 4:14b,c, TLB
    Jb 4:15b, RSV
30. Dt 6:14, NKJV
31. Ps 96:5a, TAB
32. Jb 34:16a,b, NKJV
33. Joel 1:3a,b, TLB
34. Ec 7:13a, NKJV
35. Jb 38:36a, TLB
    Jb 38:36b, NKJV
36. Jb 32:8b-d, NIV
37. Ps 81:9, TEV
38. Ex 19:6b, NASB
39. Dt 4:15b-18, NASB
40. Dt 4:19a,b,d, NASB
41. Ps 46:1, TEV
    Is 5:24h, NKJV
42. 2 K 17:36c-e, NKJV
43. Ps 123:2a-d, NKJV
    2 Chron 6:27d, NKJV
44. Jer 31:26a, NKJV
45. Ps 78:72, KJV
46. Dan 5:11d,f, KJV
47. 1 Sam 2:27a, TLB
    1 Sam 2:27b,d, RSV
48. Judges 13:11a,c, RSV
    1 Sam 16:4e, NKJV
49. 1 Sam 16:5a,b, NKJV
50. Ps 87:4e, KJV
    Ezra 6:1d, KJV
    Bel 3a, TEV
51. Gn 43:7b, NAB
52. Bel 5b, TEV
    Mic 4:8a, NAB
    Mic 4:9b, NIV
53. Bel 5c-f,h, 25a,c, TEV
    Hos 10:3d,e, NKJV
54. Num 10:30a,d, NKJV
55. Num 10:31a,b, 32a, NIV
    Num 10:32e,f, NKJV
56. 2 Chron 9:12d,e, KJV
57. 1 Sam 20:41a, TAB
    Dan 6:14c, KJV

11

58. Is 49:1a,c,d, NKJV
    Is 51:16b-f, TAB
59. Josh 23:1a,b, NAB
    2 Macc 5:25a,c, TEV
60. 2 Macc 5:25f-h, 26, TEV
61. Is 53:8b, NIV
62. Is 53:7a, 9c,d, NIV
63. 2 Macc 6:9c,b, TEV
64. 2 Macc 6:21, 23a, TEV
65. 2 Macc 6:23b,d-f, 26, 24b, 27, TEV
66. Ec 7:8a, NKJV
67. 1 K 2:2a, NKJV
68. 2 Macc 7:12b, TEV
69. 2 Macc 6:31a, TEV
70. Is 41:8a-c,f, NKJV
71. Is 41:10a-g, NKJV

Two

1. 2 Chron 24:20a, NKJV
2. Jer 30:1-2, TEV
3. Dt 4:1a,b, TAB
4. Ex 16:23b, NKJV
5. Dt 10:16b, TAB
6. Dt 10:17a,c, NKJV
   Dt 10:17d, NASB
   Dt 10:17e-g, NAB
   Dt 10:17h, NIV
7. Dt 10:18a, TEV
   Dt 10:18b, NASB
8. Dt 10:19a, KJV
   Dt 10:19b, NAB
9. Dt 10:20a,c, TEV
   Dt 10:20b, NKJV
   Dt 10:20d, KJV
10. Zc 12:1f, NIV
11. Gn 9:3a, 2b, 3b, NAB
    Gn 9:3c, TLB
    Gn 9:3d, TAB
12. 1 Sam 4:9a, NKJV
13. Ex 18:13, TEV
14. Ex 18:14, TLB
15. Ex 18:15b,d,e, 16a-c, TLB
16. Ex 18:17, NAB
17. Ex 18:18a, RSV
    Ex 18:18e, TLB
18. Ex 18:19a,b, NASB
19. Ex 18:19c,e, TEV
20. Ex 18:20b, TEV
21. Ex 18:21a, TEV
    Ex 18:21b, NAB
    Ex 18:21c,d, TAB
22. Ex 18:21c, TEV
23. Ex 18:22a-c, NASB
    Ex 18:22d-f, NAB
24. Ex 18:24, NIV
25. 1 Sam 7:16a, NIV
    1 Chron 18:14b,c, RSV
    1 Sam 18:14b,c, NKJV
26. Hos 1:7b, NASB
    Hos 1:7c-g, NIV
27. Gn 27:1b, NKJV
    Dt 5:1a, TEV
28. Dt 5:1c,d, NKJV
    Gn 43:23b,c, NKJV
29. Josh 23:14a, TLB
    Josh 23:14b, TEV
30. Josh 24:23e, NKJV
31. Jb 23:13b,c, NKJV
32. Pr 10:9a, NKJV
    Pr 17:19b, NIV
33. 1 Chron 16:36c,d, NKJV
    2 Chron 20:12a,d,e, TAB
34. 2 Sam 6:19, NKJV
35. Gn 24:48a,c,d, NKJV
36. 2 K 1:17a, NIV
37. 1 Chron 4:22f, TLB

Three

1. 2 Chron 17:10a,c, TLB
   2 Chron 20:3a,b, NAB
2. 2 Chron 20:3c,d, TLB
3. 2 Chron 25:2, TAB
4. 1 Chron 4:10a, TLB
   1 Chron 4:10b, NIV
5. 1 Chron 4:10c,d, TLB
   1 Chron 4:10e, NIV
6. 1 Chron 4:10f, TLB
   1 Chron 4:10g, NIV
7. 2 Chron 26:5d,e, TLB
8. 2 Chron 27:6a, NAB
   2 Chron 27:6b, NIV
   2 Chron 27:6c,d, NAB
9. Ezek 2:9a, NIV
   Ezek 1:28f, TLB
10. Josh 8:1c, RSV
    Josh 8:1d,e, TLB
    Josh 8:1f-j, RSV
11. 2 Macc 15:11a, TEV

    2 Macc 15:11b, TAB
    2 Macc 15:11c,d, TEV
    2 Macc 15:11e, NAB
12. Dt 20:3-4a,c,d, NASB
    Dt 20:4e, TEV
13. 2 Macc 15:17a,b, TEV
14. Dt 20:13b,d,e, 14a-c,e-h, TEV
15. Dt 20:14i, TEV
16. 2 Macc 15:27a,b, TEV
17. 2 Chron 20:25b-e, TLB
18. Num 31:15, RSV
19. Dt 20:18a,b,d, TEV
20. Num 31:17b, 18, TEV
21. 1 K 19:9c-e,g,h, NKJV
22. Num 23:26c,d, RSV
23. 2 Sam 12:14c, KJV
24. Ob 3a, NASB
25. Ex 4:1a, NIV
    Dt 18:21b, NKJV
26. Jer 10:2b, KJV
    Jer 9:24a,d,e, KJV
    Jer 9:24g,i, TAB
27. Hab 1:6b,d,e, NKJV
28. Hab 2:5, TEV
    Amos 1:13f, NKJV
29. Ps 115:9a,b, NIV
    Ezek 44:28d, RSV
    2 Chron 19:11j, TAB
30. 2 Chron 19:11i, TLB
    2 Chron 19:9d, TAB
    2 Chron 19:11j, TLB
31. Pr 28:10d, TAB
    Ezek 44:28d, TLB
32. 2 K 14:10c,d, RSV
33. 2 K 14:10e, TEV
34. Dt 12:23b, NAB
    2 Chron 12:8c, NAB
35. 2 Chron 19:3a, RSV
    2 Chron 19:3b,d, TLB
36. Hag 2:19g, NKJV
37. 2 Chron 20:30a, NKJV
    2 Chron 20:30b, TEV
38. 2 Chron 21:1a, NKJV
    2 Chron 24:15b,c, NKJV

Four

1. 2 Chron 20:14a, TAB
2. Jon 1:1a, TEV
   Jon 1:1b,c, NKJV
   Jon 3:2a-c, KJV
   Jon 3:2d, RSV
3. Jon 4:1, NKJV
4. Dt 1:2a,c, NASB
   1 K 13:2b, KJV
   2 Sam 13:26f, KJV
5. Neh 7:5a, RSV
6. Ezek 5:13d-f, RSV
   Num 22:20c,f,g, NKJV
7. Jon 3:3a,b, KJV
8. 2 Sam 20:8f, KJV
   1 Sam 12:17d, NKJV
   Gn 21:19e, KJV
   2 K 6:10d, NKJV
   Neh 9:28a,g, RSV
9. Jb 24:7a,e, 8b,d, NKJV
10. Tb 7:1a,c, TEV
    Jon 3:4a, RSV
11. 1 K 3:6d, KJV
    1 K 4:22b, RSV
    Is 24:12b, NASB
    Gn 28:11a,b, NIV
    Gn 28:11d,e, KJV
    Gn 28:11f, NIV
12. Jon 4:7a, NAB
    Jb 1:19c, KJV
13. 1 K 18:26d, RSV
    Jon 1:4c, NIV
    Jon 1:5a,b, TEV
14. 2 Chron 16:5a, 10f, RSV
    1 K 18:17b,c, RSV
    Jon 1:6b-e, RSV
    Jon 1:6e, NASB
15. Jon 1:8d,e, NKJV
16. Zc 4:1b, NAB
    Jon 1:9b,a, NAB
17. Ex 19:9c, NKJV
    Is 13:5b, RSV
    Josh 20:7b, KJV
18. 1 Sam 17:45f,i, NKJV
    Jb 31:34b, KJV
19. 2 Chron 18:27e,f, NKJV
    Jb 41:33a, NKJV
20. Zp 3:5c, NIV
    1 Chron 12:22b, NKJV
    Num 23:26d, NASB
    Jer 19:5f, KJV
21. Is 55:2c, NKJV
    2 Chron 18:13d, NAB
    Jon 2:9e, NIV

      Zc 4:6c,d, NKJV
      1 Sam 22:23e, TAB
22. 1 Sam 22:23b, NAB
      1 Sam 22:23c, TLB
23. Dt 18:20a, 19b, NKJV
      Num 25:13b, NIV
      Ps 123:4b, TAB
      Lam 3:30c, NIV
      Hab 1:3e, KJV
24. 1 Chron 12:18b, TEV
      1 Sam 30:6c, NKJV
      1 Sam 29:9b, NKJV
      Gn 41:38b, KJV
      Is 4:6b,e, NASB
25. Num 16:33a, NKJV
      Ps 84:3b,c, NASB
      Jer 22:4c, KJV
26. Jer 23:22c, KJV
      1 Sam 10:22b, NIV
      Sus 50b,d-f,h, TEV
      Jer 42:3, NKJV
27. Jon 1:12a, NAB
      Amos 5:16f,g, NKJV
      Jer 51:58d, NKJV
      Jer 51:58e,g, NASB
      Ps 84:11d, NKJV
      Jb 15:25c, NKJV
      Jb 15:26a, NKJV
      Is 63:10c, KJV
28. Is 41:21a,c, 22a, NIV
      Is 41:21b, TLB
      Is 41:23c, NIV
      Is 41:23c,d, TAB
29. Is 41:23b, TEV
30. Is 41:28a,b,e-g, 29, NASB
31. Is 41:24c, NKJV
      Lv 5:4h, KJV
      Is 66:4b, TAB
32. Is 41:12a, NKJV
      Is 57:6c, NIV
      Is 41:12d, NIV
      Is 41:12f, NKJV
33. Ps 145:20b, TAB
      Ps 144:15a, TAB
      Ps 144:15b, NIV
34. Is 41:13a,c, NKJV
      Is 41:14a,d, TAB
      Dt 11:27b, NASB
      Is 41:14e,h, TAB
35. Dan 9:20a, RSV
      Ezek 34:4g, NASB
      Nah 1:3d, TAB
      Gn 8:3c, TAB
36. Jon 3:5a, RSV
      Dan 6:10g, KJV
      Gn 37:8f, KJV
37. Judith 8:28b,c, TEV
38. 1 Chron 16:43a,b, NAB
39. Jon 4:5a, TEV
40. Jon 4:2a, RSV
      Jon 4:2c,d, NKJV
      Gn 27:37g, KJV
41. 1 Chron 29:13c, TLB
      Nah 2:5a, NKJV
      Dan 12:9b,c, TEV
42. 2 Chron 34:27a, NIV
      2 Chron 34:27b, TLB
      2 Chron 34:27e, NAB
43. Gn 20:3d, NKJV
      Ezek 17:5b, NKJV
      Dan 2:44b, NKJV
      Ezek 17:5c, NKJV
      2 Sam 24:16d, TEV
44. 2 K 19:33a,b, NASB
      Ezra 7:9d, KJV

Five

1. 2 Chron 15:1a, TLB
      1 Macc 2:1b,c,f, TEV
2. 1 Macc 1:29a, TEV
      1 Macc 1:10a,b, TEV
      1 Macc 1:29c,e, TEV
3. 1 Macc 1:30c,e, 41b,d, 43b,c, TEV
4. 1 Macc 1:42, TEV
      1 Macc 1:62a, TEV
5. 1 Macc 2:6a, 7d,a,b,f,h, 13, TEV
6. 1 Macc 2:14, TEV
7. 1 Macc 2:17, 18a,e-g, TEV
8. 1 Macc 2:19a,b, 20, NAB
9. 1 Macc 2:27a, TEV
      1 Macc 12:1c, TEV
      1 Macc 10:69e, TEV
      1 Macc 2:42b,c, NAB
      1 Macc 7:39b, TEV
10. 1 Macc 12:21a,c,e, 10, TEV
11. 1 Macc 12:11a-c,e, 12, TEV
      2 Sam 15:20g, NKJV
12. 1 Macc 12:14b, 13a,d, TEV
13. 2 Sam 10:11b,d, TEV

    2 Sam 10:11e, RSV
    2 Sam 11:1c, KJV
    Jb 5:1a, TLB
14. 2 Chron 30:10c, NIV
15. Neh 2:19f, NKJV
    Neh 2:19e, NIV
    Gn 13:8b,d, NASB
16. 2 Sam 14:29c, NKJV
    Num 22:12c, NKJV
    Ezek 12:14b,f, NKJV
17. 1 Macc 16:1a, TEV
    1 Macc 15:32f, TEV
18. 1 Macc 2:27a,b, TEV
    Dt 26:7b, NAB
    1 Macc 2:27d, TEV
19. 1 Macc 2:28a, NAB
    1 Macc 2:28b, TEV
    1 Macc 2:29a,c, 30a-c, TEV
20. 1 Macc 2:31a,c, NAB
    1 Macc 2:31b, TEV
    1 Macc 2:31g, NAB
21. 1 Macc 2:32a,b,d, TEV
22. 1 Macc 2:33, TEV
23. 1 Macc 2:34a,b, NAB
24. 1 Macc 2:35-36, TEV
25. 1 Macc 2:37, TEV
    Es-H 9:28b, TEV
    Gn 41:9d, KJV
    Es-H 9:28d, TEV
26. 1 Macc 2:38a,c-g, TEV
27. 1 Macc 3:27a, TEV
    1 Macc 6:8b, TEV
    1 Macc 6:9a, NAB
    1 Macc 6:9c,f,e,g, TEV
28. 2 Macc 6:1a, NAB
    2 Macc 5:8b, 7d, TEV
    2 Macc 5:10c,d, TEV
29. 2 K 6:24a, NKJV
    Neh 10:35b, NKJV
    Ps 107:3b,c, NIV
    Mic 7:12c,d, NKJV
    1 Macc 14:4a, TEV
    Mic 1:12b, NKJV
30. Jer 40:11b, KJV
    2 K 17:41b, NKJV
    2 K 17:41c, NAB
    2 K 17:41d, NKJV
    Ex 16:20c, NKJV
    2 K 17:41e, NKJV

Six

1. 1 K 22:47a, 46d, NKJV
    2 K 3:5a, NASB
    1 Sam 25:17e, KJV
    Is 44:5d, NKJV
    1 K 1:35d, NKJV
2. 1 Sam 18:16b, NAB
    1 K 1:6c, NKJV
3. 1 Sam 2:34e, KJV
    2 Sam 16:1b,f,h, NKJV
    Dan 6:36d, NASB
    Es-H 6:14b, NAB
4. Jer 15:5e,g,f,h, NKJV
    Gn 40:7b, TEV
    1 Sam 14:28d,b, RSV
    Dan 3:27e, NKJV
5. 1 Sam 26:22a, TEV
    Dan 4:4a,c,d, NKJV
    Jb 23:16a,d, 8, NASB
    Jb 9:11, NAB
6. Zc 14:7d, NKJV
    2 Sam 20:3b, KJV
7. 2 Sam 20:4a, NAB
    1 Sam 22:15d, NKJV
    2 K 3:15b, NKJV
8. 2 K 3:15c, NKJV
    2 K 3:15b, TEV
    2 K 3:15c, NAB
9. Hos 12:3b, NKJV
10. Dt 4:12b-d, NASB
    Pr 29:14, NKJV
    2 Chron 10:7c-f, NKJV
11. 1 K 19:5b, NKJV
12. 1 Chron 21:16a, NKJV
13. 1 Chron 21:17a, NKJV
    1 Chron 21:17c,d,f, NASB
14. Ezek 38:17d, NASB
    Dt 1:32b, NASB
    Ps 119:10d,a, TAB
    Jer 17:16c, NKJV
    Is 58:2c, NKJV
    Dt 9:19a, NKJV
    Is 29:7b, NKJV
    Num 22:4c, NIV
15. Neh 6:14f, KJV
    2 Chron 8:16b, KJV
    Jb 15:24c, NIV
16. 1 Sam 25:33b,c, NKJV
    Dt 28:4f, KJV

1 Chron 21:17f,d, NIV
Lv 26:45c, KJV
Ex 12:33c, NKJV
Jon 4:8j,i, NKJV
17. Dt 2:25a, TEV
Ezek 34:23e, 25a, NKJV
Ezek 34:16d, NIV
Ezek 34:28a,c, TLB
18. Is 8:11a, NKJV
Ps 48:14d, NKJV
Is 9:6h, KJV
19. 1 Sam 16:13c, RSV
20. Ezek 24:18a, TLB
1 Chron 21:24d,g,j, NKJV
Gn 14:23d-f, NKJV
Ps 7:4-5, NKJV
21. Is 9:21e, KJV
1 Sam 24:4c, TLB
Ex 18:7d, NKJV
Gn 28:3b, TEV
2 Sam 7:1a, TEV
1 K 14:13d, NKJV
22. 1 Sam 8:6a, NKJV
1 Sam 9:1a,c, NKJV
1 Sam 9:1b, TEV
1 Sam 9:2a-c, NKJV
23. 1 Sam 27:5a, TLB
1 Sam 26:21b, TLB
Gn 4:7f, KJV
2 Sam 15:4b, NIV
1 K 3:7d, KJV
24. 1 Sam 23:8a,c, TLB
25. 2 Sam 15:12f, NKJV
1 Sam 23:9a, TLB
26. 1 Sam 23:10a,c, TLB
1 Sam 23:10d, TEV
1 Sam 23:10e,g,i, NIV
Gn 27:37g, KJV
27. 1 Sam 25:1a, TLB
1 Sam 23:19a,c,e, TEV
1 Sam 23:19f,h-j, NKJV
28. 1 Sam 24:9a, NKJV
1 Sam 23:22, NKJV
1 Sam 23:23c,d,f,g, TEV
29. 1 Sam 23:24a, NKJV
1 Sam 23:24d, TEV
30. 1 Sam 24:4a, NKJV
2 Sam 19:15b,c, KJV
1 Sam 24:4b, NKJV
Num 16:46f, TEV

Gn 26:32c, NKJV
Num 15:33b, NKJV
1 Sam 24:4c,e, TEV
1 Sam 24:4f,g, NKJV
31. 1 Sam 26:5a, NKJV
1 Sam 26:7b,c, NKJV
1 Sam 26:12a,c, NKJV
32. 1 Sam 26:13, TLB
33. 1 Sam 24:9a, 12a, TLB
1 Sam 24:12b, TEV
1 Sam 24:12c, TLB
34. 1 Sam 26:16f,g, NKJV
Num 18:6b,c, KJV
35. 1 Sam 26:17a,b, NKJV
1 Sam 26:17c,d, TEV
36. 1 Sam 26:17e,f, NKJV
37. 1 Sam 26:21a, NKJV
1 Sam 26:21g, TEV
1 Sam 26:21h,i, NIV
1 Sam 24:17b,c, TLB
1 Sam 24:19, NKJV
38. 1 Sam 26:25a, NKJV
2 K 4:9b,c, NASB
1 Sam 29:3j,i, NKJV
39. 1 Sam 26:25e,g, NIV
40. 2 Sam 18:33d,e, RSV
Dt 4:39b, TEV
Dt 4:39e, NASB
Jer 10:6b,d, TLB
2 K 16:7c, NKJV
Ps 34:12b, TAB
2 Chron 9:8g, NKJV
Ps 18:35c, NKJV

Seven

1. 1 Chron 17:1b, TLB
2 Sam 2:11a, NKJV
Gn 47:4c, KJV
Josh 8:35a, NKJV
Judges 16:7e, KJV
Dan 10:1c,b, NASB
2. 1 K 21:4d-f, NKJV
3. Dan 10:2, NASB
Dan 10:3, NKJV
4. Dan 10:10, NASB
Jer 31:15e,b, NKJV
Pr 5:13c, NKJV
5. Dan 10:11b,c, NKJV
1 Sam 12:23e, NKJV

6. 1 Sam 12:24a, NASB
7. Jer 14:13a, TEV
   Num 36:8c, NASB
   Neh 13:19g, NKJV
   1 K 17:11c, NKJV
   1 K 17:10d,f,g, NKJV
8. 1 K 17:22c, NKJV
   Dan 10:18b,d, TLB
   Jb 18:13c, KJV
   Dan 10:18f, TLB
9. 1 K 18:1a, NKJV
   2 K 20:11c, KJV
   Neh 5:7h, KJV
   Ec 4:11c,d, KJV
   Gn 42:23c, NKJV
   Num 16:31c, KJV
10. Mic 1:2a-e, NKJV
11. Ps 82:6d, NKJV
12. Jb 31:15b, NIV
13. Dt 4:1a,b, KJV
    Dan 9:19f, TLB
    2 Macc 5:6c, TEV
14. Ex 31:16a, NKJV
    Josh 3:3c, NKJV
    Ps 95:10d, NKJV
    Ezek 30:16c, NKJV
    Lam 2:19e, NASB
    2 K 6:22d,e, NKJV
15. 2 K 7:20a, RSV
    1 Sam 13:4c, KJV
    2 Chron 28:15c-f, NKJV
    Ps 35:20c, KJV
    Ex 16:18b,c, TEV
    Ex 16:18d, TAB
16. 1 K 3:16a, TEV
    1 K 3:16b, TLB
17. 1 K 3:17a, TEV
    Dan 5:14a, RSV
    Judith 8:29d, TEV
    Dan 5:14c,b, RSV
18. 1 K 3:17a,c-e, 18-21, TLB
19. 1 K 3:22a-c, TLB
20. 1 K 3:22d-f, TLB
21. 1 K 3:22g, TLB
22. Dan 2:20a, NKJV
    1 K 3:23b-f, NIV
23. 1 K 3:25a, TLB
    1 K 3:24a,b, TLB
24. 1 K 3:24b, 25, TEV
25. 1 K 3:26a,c, NKJV

26. 1 K 3:26d-f, NKJV
    1 K 3:26e, NIV
27. 1 K 3:26g,h, RSV
    1 K 3:26j, TEV
28. Dan 5:17a, TEV
    1 K 3:27b-d, RSV
29. 1 K 3:28a,c, TLB
    1 K 3:28d, RSV
    1 K 3:28e, NKJV
30. 2 Sam 24:7a, NIV
    2 Sam 23:2a,e, NIV
    1 K 19:12d,h, TLB
    Is 42:8a,b, NKJV
    Is 41:4j, TAB
    Is 42:5b-e, NIV
    Is 42:8c, NIV
    Is 42:8d, TLB
31. Is 42:6a-c, NAB
    Is 42:6b, TLB
    Is 42:6d, NAB
    Is 42:6e,f, 7a, TEV
    Is 42:7c, NASB
    Is 42:7b, TEV
32. 1 K 18:42c,d, NKJV
    2 Sam 9:6b, TLB
    Hab 1:5a,d,e, TEV
    2 Chron 32:8d, TEV
33. Dan 5:12a-f, NKJV
    Dan 6:4d, NKJV
    Is 42:19e, NKJV
    1 Sam 15:35b, KJV

Eight

1. 1 Chron 29:23a,c,f, NKJV
2. 2 Chron 1:1a,c,d,f, NKJV
3. 2 Chron 1:11a, NKJV
   1 K 12:28d, NKJV
   Neh 1:9d,f, TLB
   Hag 1:4b, KJV
   Neh 1:9g, TLB
   Ex 25:9e, NKJV
   Lam 2:15c,f,d,g, TLB
   Dan 11:18b, NAB
   Dt 12:5b, NKJV
   Is 38:16f, KJV
   Hag 1:13d, KJV
   Ex 21:12b, KJV
   Ex 9:7e, KJV
   1 Chron 17:9d, NKJV

4. Neh 2:1b, TLB
   Neh 2:6d, TLB
   Neh 2:6a, 11b, NIV
5. Neh 2:11a, TLB
   Neh 2:12c, TEV
   1 K 14:12d, KJV
   Neh 2:12d, TEV
   Neh 2:12b, TLB
6. Neh 2:12c, TLB
   Neh 2:13a,c,d, 14a, RSV
7. Neh 2:17a, NKJV
   Neh 2:17c,e,f, NKJV
   Neh 2:17d, TEV
8. Neh 2:18a, TEV
   Neh 3:5a, TEV
   Joel 3:4c, KJV
   Neh 2:18b, TLB
9. Neh 2:18c, TEV
   1 Chron 13:2b,c, NKJV
   Jer 42:20h, KJV
10. Jon 4:7b, NAB
    Judges 15:1d, KJV
    Neh 3:12e,g, TLB
11. 2 Chron 7:1a, NKJV
    2 K 8:5b, TLB
    Neh 2:17e, TLB
    Is 45:7b, KJV
    Hos 6:8b, KJV
    Ps 16:11b, TLB
    Neh 5:3a, TEV
    1 Sam 1:17a,c, TEV
    Ezra 7:18b,d, NKJV
    Hab 2:1d,a,f, KJV
    Ezra 6:8f, NKJV
12. Ezra 7:28c,d,f, NKJV
13. Neh 4:12a,b, NKJV
    Is 51:13f, KJV
    Neh 11:17e, KJV
    1 Chron 25:7c, 8c, NIV
    1 Chron 25:8b,c, TEV
14. 1 K 8:12a, NKJV
    2 Chron 15:7b, NKJV
15. Gn 35:6f, KJV
    Gn 50:12b, NKJV
16. 2 Chron 24:13a, NKJV
    Jon 2:9b, NKJV
    2 Chron 24:11g, NKJV
    2 Chron 24:13b, NAB
17. Neh 4:7-9, NKJV
18. Neh 2:8a, 10b,d, NKJV

Neh 4:1e, NKJV
Neh 2:19e,f, NKJV
Neh 4:2c,g, NKJV
19. 1 K 3:6a, TLB
    Ezra 5:11c, NKJV
20. Is 18:3a, NKJV
    Num 12:6b, KJV
    Zc 8:3d, NKJV
    Ps 122:8, 7a, NKJV
    Ps 121:8b, NKJV
    Ps 122:9b, NKJV
21. Neh 6:15a, TEV
    2 Chron 29:28a, 27c,d, TEV
22. Neh 11:1, TEV
23. 1 K 4:7, NKJV
    1 K 5:2a, NAB
    1 K 4:22b,c, 23, TLB
    1 K 4:27, NKJV
24. 1 K 4:25, TLB
25. 1 K 5:4b, TLB
    1 K 5:4b,c, NKJV

Poetry

One

1. 1 Chron 4:40c-e, NKJV
2. Ps 37:3-4, NKJV
3. Pr 30:5, NKJV
4. Ps 33:4b, TLB
   Ps 33:4c, NKJV
   Ps 33:5a, TLB
5. Ezek 28:12f, NKJV
   Ps 33:5b, NKJV
6. Ps 118:19a,b, NKJV
7. Ws 16:17c, TEV
   Ws 16:17e, NAB
   Ws 16:17e, TEV
   Ws 16:17g, NAB
8. Ps 85:10-11, NKJV
9. 1 Sam 26:23a, NASB
   1 Sam 26:23b,d, TLB
10. 2 Sam 22:31a, NAB
    Neh 9:19d, TAB
    2 Sam 22:31e, RSV
11. 1 Chron 28:8e, NKJV
    Pr 2:1b, TLB
    1 Chron 28:8f, TLB
12. Ezra 7:23a,b, NKJV
13. Ex 35:22c, RSV
    Amos 5:4b, NKJV
    Ex 35:22d, RSV
14. Dt 7:9d, 8b,c, 9e,g, TLB
    Dt 7:9f, NKJV
    Dt 7:9h, NAB
    Dan 7:27f, KJV
15. Tb 11:17k, TEV
    2 Sam 2:6a,c, NASB
16. Jb 35:15d, KJV
    Jb 38:3a, NIV
    Ps 104:22a,c, 23, TAB
    1 K 8:59e, NKJV
    Ps 22:11a,b, NKJV
17. 1 K 19:5a,d,f, NIV
    Zc 5:5b,c, NKJV
    Zc 1:8b, NAB
    Zc 5:9e, NIV
    Zc 5:6e, TLB
    Zc 5:6g, NIV
    Zc 5:6g, TLB
    Zc 5:6g, KJV
18. Zc 5:7a, TEV
    Zc 5:7a,b, RSV
    Zc 5:7d, NIV
19. Zc 3:6a, 7b, TEV
    Zc 5:8b, NKJV
20. Zc 4:10b, 7d-f, TEV
21. Zc 5:5a, 8d, TLB
    Ezek 1:14b, KJV
    Zc 5:7b, NIV
22. Zc 6:7c, 8b, TEV
    Zc 5:11b,c, TEV
    Zc 5:11c, NASB
    Zc 5:11e, TEV
    Zc 5:11f, NASB
    Zc 5:11g, TEV
23. Zc 8:9a, 15d, 16b, TEV
    Zc 8:8a, 15b, TEV
    1 K 2:45b, NIV
24. Zc 7:11, 12a, TEV
25. 1 K 9:9c, TEV
    1 K 9:9e,g,i, NKJV
26. Ps 78:36a, TAB
    Ex 13:17c, NASB
    Ps 78:37b, TAB
    Jon 3:5d, NKJV
    Gn 40:4d, KJV
    Ps 78:36b, NAB
    Ex 2:15f,c, NASB
    2 Macc 4:34c, TEV
    2 Macc 4:34d, NAB
27. Mic 1:13c, RSV
    Ex 10:6f, NKJV

Two

1. Sus 1,2a, TEV
2. Sir 26:17, TEV
3. Sus 4a, 5a,c,d, 7, 8a, TEV
   Dan 13:8c, 12, NAB
   Sus 9, 11b, 10, TEV
4. Ps 69:23d, RSV
   Gn 31:37e, 36f, TAB
   2 Chron 15:15d, RSV
   2 Chron 15:15c, TLB
5. Is 42:25c, NIV
   Is 42:25e,f, NAB
   Is 42:25g, NIV
6. Hos 10:2a, NASB
   Hos 10:2b, NAB
   Hos 10:2b, TAB
7. Dan 13:15a-c,e,f, NAB

8. Sus 17b-d, TEV
9. Sus 19a,b, 20a, TEV
   Ru 1:12a, NKJV
   Ru 2:2f, NKJV
   Ps 69:17a, 18a, NKJV
10. Ex 4:26b, NKJV
    Ezek 12:9e, NKJV
    Judith 10:12c, TEV
    2 Es 5:19a, TEV
11. Dan 13:20a,b, NAB
    2 K 9:15c, NKJV
    Lam 5:1d,e, KJV
    Ps 44:24c, KJV
    Judges 10:15e, NIV
12. Es-H 5:3d, NKJV
    Ru 2:10c,e,f, NKJV
13. Jer 29:11b, KJV
    Ezra 9:12f, NKJV
    2 Chron 32:14d, KJV
    Josh 10:6g, KJV
14. 1 K 3:5c,d, NKJV
15. Dan 13:19b,d, NAB
    Sus 20b-d, TEV
    Dan 13:21a, NAB
    Sus 21b,c, TEV
16. Dan 13:22b, 35, NAB
17. Es-H 2:13c, TEV
    2 K 8:3d, KJV
    Is 31:1b, NKJV
    Neh 5:15f, NKJV
18. Jb 9:19a,b, NKJV
    Jb 9:20a,b, TEV
    Jb 9:19d, NKJV
    Is 58:2f, NIV
    Jer 19:14d, KJV
19. Jon 2:5d, 6b, NKJV
20. 2 K 7:2c,d, NKJV
21. Num 7:89b, NKJV
    Amos 7:3b, NKJV
22. Mal 2:12b, NKJV
    Gn 39:10b, NIV
    Is 29:9a, NKJV
    1 Sam 2:23b, NKJV
    Ezra 8:16m, NKJV
    2 K 4:30b,c, NKJV
    2 K 20:19d, NKJV
    2 Es 7:68a, 46b, TEV
    Mic 5:2d, NKJV
    Mic 7:20c, NKJV
    Ezra 5:16c, NKJV

Is 38:16d,b, KJV
Mic 7:13c, NKJV
Ezek 36:19d, NIV
Jb 41:17, NKJV
Ps 74:18a, NKJV
Pr 26:28a, NKJV
Dan 3:17a,b, KJV
2 Chron 22:7d,b, NKJV
Ps 139:23d, TEV
Mal 1:9c, NKJV
Ezek 16:39b,f, NIV
Mic 1:8b,e,g, NIV
23. 2 Macc 6:29b, TEV
    2 Sam 13:15b, NAB
    2 Macc 6:29d, TEV
24. Judges 16:15a, NASB
    2 Macc 6:30c,e, NAB
    Josh 9:22g, KJV
    2 Macc 6:30g,i, TEV
    2 Macc 6:30i, NAB
    1 Sam 10:3c, NKJV
    Jb 1:21a,c, TLB
    Jb 1:21d,e, NASB
    2 Chron 6:30b,c, NASB
    2 Chron 6:30d, TEV
    2 Chron 6:30e,f, NAB
25. Jb 1:22a, TLB
    Jb 1:22b,d, NASB
    Jb 1:22c, NAB
26. Ps 82:7c, 1e, TAB
    2 K 4:35b, NKJV
    Dt 19:18b, NASB
    Joel 1:18c, NAB
    Neh 4:16d, KJV
    Ezra 9:3e, NKJV
27. Judges 4:14a, TLB
    Jer 47:6d, NKJV
    Ru 1:8d, NASB
28. Jb 15:7b, TEV
    Gn 8:2b, KJV
    1 K 3:3b, KJV
    Neh 5:13b, NKJV
    2 K 10:9e,f, NKJV
    Gn 36:7b, KJV
    1 Sam 20:9d, KJV
    Ezra 9:10a-c, NKJV
29. Gn 32:19b, KJV
    Judges 19:20b, KJV
    Ps 120:3, TLB
    1 K 19:4c-e,g, NKJV

Ps 71:18a, TEV
1 K 19:4h,i, NKJV
Ps 142:3d, NKJV
Nah 1:14f, NKJV
30. Judges 15:7e, KJV
1 Sam 5:9f, KJV
Gn 26:31d, NIV
Is 61:11c, KJV
31. Sus 42a, TEV
Dan 6:23b, TEV
2 K 20:2b, TEV
Jb 19:20c, NKJV
Jb 19:23, TEV
Ps 104:33b,d,c, NKJV

Three

1. Jb 1:1c, TEV
   Zc 2:5d, NKJV
   Ex 9:14b, KJV
   Jb 1:1b,e,g, TEV
   Jb 1:1d, NKJV
2. Jb 1:2a,c, TLB
   Jb 1:3e,g, NASB
   Jb 1:4a, NIV
3. Jb 1:13a, 14, 15a, NIV
4. Gn 23:19a, NKJV
   Jb 1:16b,d,f, NIV
5. 2 Chron 32:1a, TEV
   Jb 1:17b, TLB
   Jb 1:18c,d,f,h,i, NIV
6. Jb 14:22b, NKJV
   Ps 78:59a, KJV
   Jb 14:22c, KJV
7. Jb 2:8a, 7b, NIV
8. Jb 3:2, 3a, NKJV
   Jb 3:3b, TLB
   Jb 3:6, TLB
   Jb 3:7a,b, NKJV
   Jb 3:9a,d, NKJV
   Jb 3:11a, TEV
   Gn 1:30e, KJV
   Dt 4:8b, KJV
9. Pr 20:6a, KJV
   Hag 1:6e, KJV
   Ps 107:5b,c, NASB
   Ec 5:17a, 16c, 17c, NIV
   Ec 5:17b, NKJV
   Ec 5:16e, NKJV
   Ps 119:30a, NKJV

Hos 13:2a, KJV
Ec 7:14c, NKJV
Num 23:12b, NIV
Ezek 3:17d, NKJV
1 Sam 1:16c, KJV
10. 1 K 22:17e, NIV
    Is 57:6c, KJV
    1 K 22:17c, NKJV
11. 2 K 2:14b,c, TEV
12. Is 63:11e, NKJV
13. Pr 30:2a, 3, NIV
    Pr 30:4a-d,f,g, NKJV
    Pr 30:6a, 4h, NIV
14. Ps 74:22, NKJV
15. Ezek 9:10a, KJV
    2 Chron 25:16f, NKJV
    Ps 9:13d, KJV
    Jb 16:17b,c, NAB
    Jb 13:23a-c, TLB
16. Jb 16:20a,b, NKJV
    Jb 19:17a, NKJV
    Jb 19:13c, RSV
    Jb 30:11c, RSV
    Jb 30:11e, TLB
    Jb 30:11e, RSV
    Jb 30:10, TLB
    Jb 30:16-17, TLB
17. Lam 3:51, NAB
    2 K 7:2g,h, NASB
    Song 8:7d,e, TEV
    Song 2:7a,b,d, NKJV
18. Pr 9:13-14a, NKJV
    Pr 9:15a, TEV
    Pr 9:16a,c, NKJV
19. 2 K 3:11a,f, KJV
    2 K 2:9e, KJV
    Ps 73:25d, TEV
    Ex 10:5c, NKJV
    Amos 5:24b, TEV
    Amos 5:24c, NIV
    Amos 5:24d, RSV
20. Jb 27:1a,c, NASB
    Hab 1:12c,d, NIV
    Jb 12:10c, TLB
    Ps 104:27b-30, NKJV
21. Is 57:6i,g, KJV
    Mal 2:2g, NKJV
    Is 28:7a, KJV
    Pr 30:9b, NKJV
22. Hab 1:7a, NIV

      Hab 1:7c, TAB
      Num 36:6d, KJV
      Hab 1:7d, TAB
23. Ezek 36:17d, TLB
      Ezek 36:17f, TEV
      Ezek 36:17f, TLB
      Ezek 36:17g, NAB
24. Ec 9:3c, NKJV
      Ec 9:3e, NASB
      Ec 9:3d, TEV
      Ec 9:3g, NASB
      Ec 9:3f, NIV
      Ec 9:4a, NKJV
      Ec 9:4c,d, NAB
      Ec 9:4b, NIV
      Ec 9:5a, NASB
      Ec 9:5b, NKJV
25. Jb 14:7b-10, NKJV
      Jb 7:9a, TEV
      Jb 7:9b, NKJV
26. Ezek 26:21c-e, NKJV
27. Zc 5:5a,c,e, KJV
      Jb 7:20c, NKJV
      1 Sam 20:30c, NKJV
      Ps 79:5a,c,e, NIV
      Zp 2:1a,c, TAB
      Is 42:23c, NASB
28. Zc 1:14a,c, NIV
      Ob 11d, NKJV
      Neh 2:6c, KJV
      Jb 15:14a, TEV
      Mic 1:10c, KJV
      Jb 25:4b,c,e, NKJV
      Jb 2:10c,d, TEV
      Jb 2:10e, NKJV
      Jb 2:10g, TAB
      Jb 2:10f, NKJV
      Dt 11:14b, NKJV
29. 2 K 8:11, NKJV
30. Jb 12:1a, NAB
      2 Sam 7:14a,b, NKJV
31. Ps 148:1a, NASB
      Ps 148:1c, TLB
      Ps 148:2a,b, 3b,c, TLB
32. Sir 43:8a,c,b, 7b, 8f, TEV
33. Ps 148:4a,b, 5, NKJV
      Ps 148:6a, NIV
      Ps 148:7-8c, NIV
      Ps 148:9b,c, TEV
      Ps 148:10, TLB
      Ps 148:11a,c, KJV
      Ps 148:11b,d, TAB
      Ps 148:12, 13a, NIV
34. Ps 42:7, NIV
35. Jb 42:6a, NASB
      Ps 55:2d, NKJV
      Jb 42:6b, NASB
      Ru 2:19d, NKJV
36. Ezra 10:1, NKJV
37. Jb 42:7a,c, 10b,d, NKJV
      Jb 42:15a, TLB
      Jb 42:15b, TAB
      Jb 42:15d,c, TLB

Four

1. Ru 1:2a, NKJV
      Gn 42:13i,e, TEV
      Gn 31:43b, NKJV
      Ru 1:2d, NKJV
2. Ru 1:1e,g, TEV
      Gn 14:3b, KJV
      Ru 2:6c, TEV
      Jer 4:23g, KJV
      Ru 1:2e, NASB
      Ru 1:2d, NAB
      Ru 1:1e, TLB
      1 Sam 30:22e, KJV
      Ru 1:2b, TEV
      Ru 1:2f, 3a,c,d, 4a-c, NAB
3. Ru 1:4c, NIV
      Ru 1:4b-d, TLB
4. Ru 1:9b, TLB
      Ru 1:6a, TLB
      Ru 1:19b, TLB
5. Ru 1:8a, NKJV
      Ru 3:16c, NKJV
      Ru 1:12b, NKJV
      1 Sam 14:7b, NKJV
      Ru 1:11a, TLB
      Jer 29:11b, KJV
      Ru 1:11c, TLB
      Ru 1:9a, TLB
      Ru 1:8d, NKJV
6. Ru 1:16a-c, TLB
      Ru 1:16d, NIV
      Ru 1:16h-j, NKJV
      Ru 1:17c, TLB
      Ru 1:17a,b, NIV
7. 1 Sam 20:23b, NKJV

8. Ru 1:22a,d, NIV
9. Ru 2:1a, TLB
   Ru 2:1b, TEV
   Ru 2:1c, TLB
   Ru 2:1e, TEV
   Ru 2:1d,b, NKJV
10. Ru 2:22a, NKJV
    Ru 2:8b-d, NKJV
    Ru 3:1d-f, NKJV
11. Ru 2:2e,c,g,d, RSV
12. Ru 2:3a, TEV
13. Ru 2:4a,b, RSV
    Num 21:13a, 15b, TEV
    Ru 2:4d, RSV
    Ru 2:5b, NKJV
14. Ru 2:6, RSV
15. Ru 2:8a, NKJV
    Ru 2:21c, NKJV
    Ru 2:9c,d, NASB
    Ru 2:9d, RSV
16. 2 K 9:5c, NKJV
    Ru 2:15c, NIV
    Ru 2:15c, TEV
    Ru 2:15e,f, NASB
    Ru 2:16b, TEV
    Ru 2:16a, NKJV
17. Ru 2:17, 18a, NIV
    Ru 2:14a, 19a, TAB
    Ru 2:14i,j, RSV
18. Ru 3:5a, TLB
    Ru 2:19f, TLB
    Ru 3:16f, TEV
19. Ru 2:22a,b, TLB
    Ru 2:22b, NKJV
    Ru 2:22c, NIV
    Ru 2:22d, NAB
    Ru 2:22e,h, NKJV
    Ru 2:23b,d, NASB
    Ru 2:22e, RSV
    Ru 3:17d, NIV
    Ru 2:2c, 8g, TLB
20. Ru 2:23a,c, TEV
21. Ru 3:1a, TLB
    Ru 3:2a,c, NIV
    Ru 3:2d,e, 3a-d, TEV
    Ru 3:3c,d, TLB
    Ru 3:4a,b,e,g,h, NKJV
22. Ru 3:6-7b, TLB
    Ru 3:7e, NKJV
    Ru 3:7e, 8a-c, TEV

23. Ru 3:9a,b, TEV
24. Ru 3:9c-e, TEV
    Ru 3:5a, NIV
25. Ru 3:11b,c, NKJV
    Josh 22:24c, NIV
    Jer 42:22e, NKJV
    Ps 85:8a, NIV
    Ps 25:2c, TLB
    Ex 4:5b, NASB
    Ru 3:11f, NKJV
26. Ru 2:21a, TEV
    Ru 3:9i,f,g, TEV
27. Ru 3:13a, 10b, 13i, TLB
    Ru 3:13i, RSV
    Is 58:11c, NIV
    Ru 3:13f, NIV
28. Ru 3:13c, TAB
    Ru 3:14c,d, TEV
29. Ru 3:16b, TAB
    Ru 3:16c, NIV
30. Ru 3:16e, TAB
31. Ru 3:18, NIV
32. Judges 19:9a, TLB
    Ru 4:2a, NIV
    Ru 4:2b-e, NKJV
    Ru 4:9a,b, 10d, NKJV
    Ru 4:10b,c, NAB
33. Ru 4:11a,d, NASB
    Ps 119:76a, NIV
    Ps 88:11b, KJV
    Ru 4:11h, NKJV
34. Ru 4:13a,b, NKJV
    Ru 4:13d,e, 17c, NIV
35. Ru 4:14, TLB
    Ru 4:15b, NASB
    Ezek 16:54d, KJV
    Ru 4:15c, NIV

Five

1. Gn 1:4d, TLB
   2 Chron 32:5a, 30b, TEV
   2 K 18:2c, TEV
2. 2 Chron 31:8b, NKJV
   Gn 12:4b, TEV
   1 K 1:1c, TEV
   1 K 1:1e, NKJV
   1 K 1:1e, TEV
3. 2 K 20:2, TEV
   Ps 69:13b,c,f,g, 14a,b, 15a,b, NKJV

       Ps 69:15c, RSV
4. 1 K 1:2a, TLB
    1 K 1:2b, NKJV
    1 K 1:2c,d, TLB
    1 K 1:2c, NIV
    1 K 22:28h, KJV
5. Pr 30:19d, 18b,e, RSV
6. 1 K 1:3a,b,d, NASB
    Ru 2:14g, TEV
    Gn 37:2b, TLB
7. Ru 4:11f, NKJV
    Gn 49:25b, NKJV
    2 Sam 15:12c, TLB
    2 K 5:13b,d, NIV
8. Josh 15:18a-c, NKJV
    2 Sam 14:5b, NKJV
    1 Chron 12:17b, RSV
    1 Chron 12:17d, NKJV
9. 1 K 1:28c, TEV
    Ps 66:19c, KJV
    1 K 1:4c,d, TEV
    Gn 4:1b, TLB
    1 K 1:4f, TEV
10. Gn 4:8a, TLB
    2 K 20:8b, NKJV
    1 K 10:13e, NKJV
    2 Sam 19:35a, NIV
    2 Sam 19:32c, TLB
    2 Sam 19:35c, NIV
    2 Sam 19:35b,d, NKJV
11. Lam 3:21a,c, TEV
    Josh 10:42b, KJV
    Jb 13:14b,d, NIV
    Gn 26:8c, KJV
    Is 37:26c, NIV
    2 Sam 13:3b, KJV
    Jer 51:57i, KJV
    1 Sam 14:49f,b, TEV
12. Jer 6:15f, KJV
    Hos 9:10b, TEV
    Ex 4:24c, KJV
    1 Sam 21:5d, NKJV
    Num 13:33e, NKJV
    Ps 78:28b, KJV
    Neh 9:37c, KJV
    Ps 126:1c, 2b, KJV
    Dt 18:6d,f, NKJV
    Pr 5:20e, KJV
    Pr 7:10d, KJV
13. 1 Sam 14:8a, NKJV

    Jb 37:15b, NKJV
    2 Sam 13:4g, KJV
    1 K 11:1d, 12a, NIV
    Sir 26:6b,c, TEV
14. Gn 3:12a, 11b, TLB
    Ps 119:75d, KJV
    Ps 41:4a, KJV
    Pr 16:22b, 24, NASB
15. Ex 34:29e, KJV
    Dan 4:19b, TLB
    1 K 22:17c, NIV
    Lv 14:3b, KJV
    1 Sam 20:41e,f, NKJV
16. 1 Sam 20:42a,f-h, NKJV
17. Lv 25:54d, NKJV
    Dt 10:10b, KJV
    Gn 48:10d,f, TLB
    Is 41:6b, NKJV
    Is 41:6b, TEV
    Ps 61:6d,c, 7c, NIV
    Josh 2:11b, NASB
    Jb 29:2b, KJV
    Nah 1:12b, KJV
    Gn 14:3b, KJV
    Gn 39:15b, NKJV
    1 Sam 2:22b,c, NKJV
    2 Sam 6:21e,g, KJV
    Hos 13:14d,e, KJV
    1 Sam 20:5b, NKJV
    2 Sam 1:26b,d,e, NASB
18. 2 K 19:1b, NKJV
    Gn 24:15c, NKJV
    1 K 2:21c, NKJV
    1 K 6:12h, NKJV
19. Gn 23:15a, NKJV
    Dan 10:19n, TLB
    Jer 44:25e, NKJV
    Ps 51:6d, TLB
    Dan 11:2a, NKJV
    2 Sam 24:17d, TAB
    Ex 4:27d, NKJV
    1 Sam 16:18i, NKJV
    Josh 24:8a, NKJV
    Judges 5:31d, KJV
    Pr 18:4b, KJV
    Amos 1:9g, NKJV
    1 Sam 24:19c, TEV
    Judges 8:14d, KJV
20. Gn 12:18d, TEV
    2 K 4:43d, KJV

     Pr 27:5, NAB
21. 1 Sam 15:24f, KJV
     1 K 20:40e, NKJV
22. Ru 1:13b, NKJV
     Ec 4:8a-g, NIV
     Ec 4:8g,k, TEV
23. Es-H 6:10a, TEV
     Ec 3:19c, KJV
     Gn 30:1f, KJV
     Gn 37:20e, KJV
     Is 54:6b,d,f, 7c, NKJV
     Ec 11:6c, TEV
     Ex 21:21c, KJV
     2 Sam 19:15e, KJV
     Jer 13:9b, NKJV
     Ps 18:25-26, NKJV
     2 Es 7:57, TEV
24. Judith 10:12f, TEV
     2 Es 7:58b-d, TEV
25. 2 Es 7:59, TEV
     Ru 1:9b,a,c,e, NKJV
     Num 5:20c, NKJV
26. Song 3:11d, NASB
     1 Chron 13:8b, TEV
     2 Chron 23:18f, NASB
     1 Chron 13:8c, TEV
     1 Chron 15:16b, RSV
     1 Chron 13:8c, RSV
     1 Chron 15:16d, RSV
     Ex 35:21b, TEV
     Ex 35:21b, TLB
     Is 14:20b, KJV

Six

1. 2 Sam 12:24a,e, TLB
    Judges 11:2a,c, TLB
    Ru 4:12d, NKJV
2. Gn 23:1b, TLB
    Gn 43:28b, NAB
    Song 1:5b, KJV
    Is 10:11b,c, KJV
    Song 1:5c,e, KJV
    Lv 20:14b, KJV
3. Tb 3:8b, NAB
    Jer 30:21f, KJV
    Tb 3:8d, NAB
    Tb 3:8i,k, TEV
    Ex 32:4d, KJV
    Neh 8:17c, NASB

    Jer 16:9f, 8b, TEV
4. Zc 3:9g, KJV
    Tb 3:10a, TEV
    Tb 3:10c,d, NAB
    Tb 3:10d,e, TEV
5. Tb 3:11a-e, TEV
    Tb 3:11f,g, NAB
    Tb 3:11g, TEV
    Tb 3:12a, NAB
    Tb 3:12b, TEV
    Pr 18:14, NKJV
    Tb 3:13a, 15e-h, TEV
6. Tb 3:7a,c, TEV
    Ex 33:11c, KJV
    Gn 27:36c, KJV
    Tb 4:3b, NAB
    Tb 4:3b,c, TEV
    Tb 5:5i, NAB
    Dt 5:26d, KJV
    2 Sam 1:4h, KJV
    1 Sam 5:10e, NAB
    Dt 13:15b,c, TEV
    Jer 38:14e, TEV
    1 Sam 20:21e,f, KJV
    Dt 22:28b, KJV
    Gn 34:14e, TLB
7. Tb 5:14a, TEV
    Tb 4:12a-e, 13d-f, NAB
8. Tb 6:3d, TEV
    1 Chron 12:39d, KJV
    Tb 5:17m, NAB
9. Josh 1:17d, KJV
    Ex 17:4e, KJV
    Tb 10:5e, 6a,f, TEV
    2 Es 7:48a, 49a, TEV
    Sir 18:30, TEV
    Pr 24:27a, NKJV
    Ezek 32:4b, NAB
    Pr 24:27b,c, NKJV
    Num 6:24, 25a, TLB
    Num 6:25a,c,d,f, TAB
    Num 6:26, TEV
    Tb 5:16p, TEV
10. Tb 6:1a, TEV
    Tb 6:2b, NAB
    Zc 1:14f, KJV
11. Tb 3:17i, TEV
    Is 7:25d, KJV
    2 K 16:3d, KJV
    Tb 3:17k,m,l, TEV

12. Dt 11:3d, KJV
    Gn 24:21c, TAB
    Pr 7:8b, 10b,c, TEV
13. Gn 38:16a, TLB
14. Gn 38:16c,d, TLB
15. Tb 7:11i, TEV
    1 Sam 25:6b, NKJV
    1 Sam 25:5c,e, TEV
    Song 1:16b, NKJV
    Song 5:16c, RSV
    Ezek 20:8a, 3h, KJV
    Ezek 37:5d, KJV
    Zc 9:12d, NKJV
    Jer 44:29d, KJV
    1 Sam 9:6d,f, NKJV
16. 1 K 17:18a,c-e, NIV
17. Hag 2:12j, 11a, TEV
    Gn 43:29f, NAB
18. Dan 1:21a, NKJV
    Jb 17:9b, KJV
    Ezra 7:13f, KJV
19. Ru 2:15b, 14g, KJV
    2 Chron 33:15g, KJV
    Gn 24:12b-f, NASB
    Gn 24:13, TEV
    Zp 2:3f, NKJV
    Gn 24:3d,f, TEV
    Gn 24:14b, TEV
    1 Sam 18:17e, KJV
20. Gn 24:15a,b, NASB
    Pr 28:9c, KJV
    Gn 24:15d,e,h, NASB
    Gn 24:16c-e, TAB
21. Gn 24:21a, TAB
    2 Sam 13:19b, 20j, TEV
    Pr 2:20b, TEV
    2 Sam 4:4f, TLB
    Ec 5:20c, KJV
22. Gn 24:23b, TAB
    1 K 21:6a, 5c, KJV
23. 1 Sam 25:36i, KJV
    Ezek 22:9b, 10b, KJV
    Ex 5:19b, KJV
    Ps 58:1b, KJV
    Ex 25:36b, KJV
    Judges 13:2c, KJV
24. Ec 9:6a, TAB
    Josh 8:19b, KJV
    Tb 8:7f, NAB
    Joel 2:32d, KJV

Ps 37:36e, KJV
Pr 25:15b, KJV
Ps 48:13d, KJV
25. Jer 16:3g,e,c, 17b, KJV
    2 Chron 23:17b, NKJV
    Tb 9:6b, NAB
    Tb 5:9g,d, NAB
    Tb 8:4e,b, TEV
    Ec 4:9-12, NKJV
    Ps 38:14b, KJV
    Num 30:3b, KJV
    Num 16:3f, KJV
    Ps 71:3b, TEV
    2 K 6:20f, 12h, NASB
    Dt 17:4g, KJV
    Jb 16:17c, TEV
    Dt 17:10c,e, 4h,i, KJV
    Ps 19:14a, 10a, TLB
    Josh 2:18c,h, TEV
    1 Sam 7:3d, KJV
    Ps 119:142b, TEV
26. Gn 12:5h, TAB
    Dt 33:6b, NIV
    Is 19:9b, KJV
    Josh 2:15c, KJV
    Josh 16:8d, KJV
    Jer 4:23g, KJV
    Lv 12:6d, KJV
    Neh 9:7d,f, NKJV
    Es-H 9:32b, KJV
    Es-H 4:8d, NKJV

Seven

1. Es-H 2:15a,c, NIV
   2 K 14:21c, NKJV
   Es-H 9:14b, NIV
   Gn 48:7c, KJV
   Ezra 4:3g, NIV
   Es-H 8:1a,c, NIV
   Gn 29:25e, KJV
   Is 38:14e, KJV
   Es-H 2:3b, NAB
   Es-H 2:2e,c, NKJV
   Dt 29:19g, KJV
   Dt 20:8e, NKJV
   Es-H 2:3b, TLB
2. Es-H 1:9c, 12c,d, 20a, 9a, NKJV
   1 K 15:20d, 21e, NKJV
   Ps 106:11c, KJV

Ps 111:7c, TEV
3. Es-H 2:4b, NASB
   Es-G 2:2b, TEV
4. Es-H 2:8a, NKJV
   Es-H 2:8b-d, TLB
5. Tb 12:12c, NAB
   Tb 12:21c, TEV
   Ru 1:9e, NKJV
   1 Sam 18:19b, KJV
   1 Sam 21:6e, KJV
   Dt 22:1c, KJV
6. 1 Sam 1:10, NKJV
7. 1 Sam 1:8a-e, NKJV
   2 K 19:3h, KJV
   Ps 109:5c, KJV
   Jb 24:25d, NKJV
   Gn 31:52d, KJV
8. 2 Chron 9:2a, 1h, NKJV
9. 1 K 10:4a, 6a, NKJV
   Ps 27:13, NKJV
   Lam 4:8a, NKJV
   Lam 3:21c, NKJV
   Dan 2:23b,g, NKJV
   Is 56:10g, 4c, KJV
10. Es-H 2:5a, NKJV
    Es-H 2:12a, NIV
    Es-H 2:12b, NAB
    Es-H 2:12c,d,f, NIV
    Es-G 2:9d, TEV
    Es-H 2:12g, NIV
    Es-H 2:13a,b, NKJV
    Es-H 2:13b, 14a, NIV
    Es-G 2:14b, TEV
    Es-H 2:14c,e, NIV
    Es-G 2:14e, TEV
11. Es-H 2:15a-d, TLB
12. Es-H 2:17, 18a,c,d, NIV
13. Es-G 2:20f,h, TEV
    Es-H 2:1a, 21a, TLB
    Es-G 2:22a,d, TEV
    Es-G 3:2b, 1b,f,h, TEV
    Es-G 3:6b, TEV
14. Es-G 3:8b-g, TEV
    Es-H 3:9a,b, NIV
    Es-H 3:9d, TLB
15. Es-G 3:10, TEV
16. Es-G 3:11a, TEV
    Es-H 3:11, TLB
17. Es-H 2:11b, 13d,f, NKJV
    Es-G C:12a, 14b,d, TEV

Es-G C:23d,e, 25d,e, TEV
Es-H 4:11a, NIV
Es-G C:21b, TEV
18. Es-H 4:15a, 11b-e, TLB
    Es-H 4:14c, 16h-k, NIV
19. 2 Macc 7:21a, TEV
20. Es-H 5:1a, TLB
    Es-H 5:1b-e, NIV
    Es-G D:5, 7d,e, TEV
21. Es-G D:9, 10b, 11, TEV
22. Es-G D:12a, TEV
23. Es-G D:12b,c, TEV
24. 1 K 10:3a, 2f, NKJV
25. Es-H 8:5a-d, NIV
    Es-H 7:3e-h, NIV
    Es-H 8:5e,h, NIV
    Is 65:5d, NIV
    Jer 34:9h, KJV
    2 K 7:9b, KJV
    Lv 19:4b, TEV
    Ps 115:4b, TEV
    Ps 115:4e, 5-7, NKJV
    Jb 31:27, TEV
26. Es-G 9:29a, 12b, TEV
    Es-G E:15c, 16a,b, TEV
    Ps 9:11b, NKJV
    Ps 51:6d, TAB
    Ps 33:8d, 20c, TLB
    Neh 8:8d, KJV
    Jb 34:4c, NASB
    Gn 41:39d, KJV
    1 Sam 3:12b, KJV
    Lam 3:26b, TLB
    Ps 51:17f, TAB
    2 Sam 19:28d, KJV
    Jb 20:9b, TLB
    Jb 19:14b, KJV
    Jb 20:10b, KJV
    Judges 9:2h,i, KJV
    Jer 23:28c, NIV
    Pr 28:25c, KJV
    Ps 48:14b,d, KJV
    Lv 15:3d, KJV
    Ps 7:1d, KJV
    Dt 25:7f, KJV
    1 K 15:13b, TEV
27. Es-H 2:1a, NIV
    Es-H 8:1a, NIV
    2 K 12:8b, TEV
    Jb 12:15f, KJV

Pr 8:29b, KJV
1 Sam 28:14a, NASB
2 Macc 9:21d, TEV

Eight

1. Dt 9:20c, NKJV
   Num 34:29b, NKJV
   Mic 7:14f, KJV
   Judges 7:13c, KJV
   1 Chron 25:6b, KJV
   Hos 8:7b,c, KJV
   2 Sam 3:37b, KJV
   1 K 1:6b, KJV
   1 Sam 1:23b, NKJV
   Jer 46:27j, NKJV
   Ec 9:8a, 9a, TLB
   Song 5:1h-m, NKJV
   Es-H 1:8b, TAB
   Es-H 1:8e, NKJV
   Ps 104:15, NIV
   Ec 9:7a,b, NAB
2. Num 11:26b, NKJV
   Es-H 2:7g, NKJV
   Jer 42:10b, KJV
   1 Sam 25:3c, NIV
   Dt 22:29b, NASB
   Es-H 2:7h, 15g, NKJV
3. Is 47:9b, KJV
   Judges 5:29c, TEV
   2 Sam 16:19b, NKJV
4. Dt 4:34c, 26e, TEV
   2 K 1:6a, TLB
   Ex 3:2b, NAB
   2 Chron 3:4b, NKJV
   Gn 16:4e, KJV
   1 Sam 18:30f, KJV
   Gn 32:27c, NKJV
   Pr 26:24c, KJV
   Hos 2:14c,e, NKJV
   Hos 2:14c, TEV
5. Pr 2:15d, KJV
   Gn 32:10d, TEV
   Judges 13:25b, KJV
   Is 9:21e, KJV
   Ex 4:10g, KJV
   Is 44:10b, KJV
   Ps 6:2d, KJV
   Ezek 20:37c, KJV
   Is 30:2b, TLB

Is 42:5c,e, KJV
6. Zc 3:9b, KJV
   Jer 2:24d, KJV
   1 Sam 6:10b, 9h, NKJV
   1 K 22:34a, TEV
   2 K 10:15c, KJV
   Is 42:7d, KJV
   Pr 7:8b, KJV
   Dt 21:12b, KJV
   Num 12:1b, NKJV
   1 K 17:13b, TLB
   Ps 101:6d, KJV
7. Song 2:11b-d, 12a, NAB
   Song 2:12b,c, NKJV
   Song 2:12c, TEV
   Song 2:13a,b, NKJV
   Gn 29:34e, KJV
   Song 2:13d-f, NKJV
8. Song 2:2a,b, NKJV
   Song 2:2c, TEV
   Song 2:2d, NKJV
   Song 2:14, NKJV
9. Song 4:10a-c, NKJV
   Ezek 23:21c, NKJV
   Song 4:10d,e, NKJV
10. Song 6:4, 5a,b, NKJV
11. Ex 2:9a, 8d, NKJV
    Judges 7:19c, KJV
    Dan 7:16b, NIV
    2 K 9:11c,d, NIV
    2 K 9:11d, TEV
12. 2 Sam 17:20d, TEV
    2 K 9:11f, NIV
    Judges 11:7e, KJV
    Ex 32:19c, KJV
    2 Chron 3:6b, NKJV
    Hos 4:17b, NIV
    Is 63:19a, KJV
    Ezra 8:27d, KJV
13. Jer 20:14c, RSV
    2 K 8:29b, KJV
    2 Sam 12:20f, KJV
    Judges 4:14b, TEV
    Song 1:16a-e, NKJV
    Song 4:11, NKJV
    Song 4:14, TEV
    Ps 102:27b, TEV
    Song 4:15a,b, NKJV
    Is 56:4c, KJV
    2 K 4:28d, NKJV

Num 24:14b, TEV
14. 1 K 14:17a,f,c, NIV
    1 K 14:17c, TLB
15. Num 11:32d, KJV
    Gn 4:1b, KJV
    2 K 9:30d,e, NKJV
    Ps 16:9d, KJV
16. 1 Sam 1:13b, TAB
    1 Sam 1:18a, NIV
    Song 1:5a,b, 6c, NKJV
    Song 2:9, NKJV
    Song 1:4a,c, NIV
    Song 1:4d, NKJV
    Num 22:29c, TLB
    Ezek 17:8b, NIV
    Is 41:22c, KJV
    Gn 8:21d, NASB
17. Lam 2:19e,g, TLB
    Gn 47:29b, TLB
    Gn 19:35e, KJV
    1 Sam 3:3c, NKJV
    Jer 31:26a, TLB
18. Song 2:10, NKJV
    Ps 81:10c,d, NKJV
19. Song 5:3, NASB
20. Is 49:8c, KJV
    Song 5:4, 5a,f, NKJV
21. Song 5:6b, NKJV
    Ps 109:22b, NKJV
22. Song 3:1, NKJV
23. Song 5:2a,b, NKJV
    1 Sam 2:24d, KJV
    Ps 46:6d, KJV
    Song 5:2d-g, NKJV
    Ps 35:14b, NASB
    Song 5:2i,j, NKJV
    Gn 26:9h,f, NKJV
    2 K 5:26b, NKJV
    Ex 2:20d, RSV
24. Song 1:2, 3, NKJV
25. Gn 24:54d, TLB
    Judges 4:9b, TAB
    Song 5:8, NKJV
    Pr 14:10, NKJV
26. Song 5:9a,c, NKJV
    Zp 2:15e, KJV
    Song 5:9c, TEV
    Song 5:9c, TLB
    Song 5:9f, TEV
27. Josh 24:16b, TEV

Song 5:10, 11, NKJV
Song 5:12, NIV
Song 5:13, 14, NKJV
Song 5:15, TEV
Song 5:16a, TLB
Song 5:16b, TEV
Song 5:16d-f, NKJV
28. Song 2:1b, 2d, TLB
    2 K 8:10b, TEV
    2 Sam 24:10i, KJV
    2 K 8:8d, TEV
    Pr 27:21c, NKJV
    Jb 32:12b,d, TEV
    Jb 32:12f, KJV
    2 Chron 20:11d, KJV
29. Ps 119:56a, TLB
    Song 1:12b, NASB
    Dt 1:30b, TAB
    2 Sam 18:3c, KJV
    Song 1:7e, 14b, NIV
    Jb 27:3b, KJV
    Gn 3:22d, KJV
    Song 1:13b, NIV
    Song 1:13c, NKJV
    Song 1:13b, TEV
30. Song 7:10, NKJV
    Song 2:16a,b, NKJV
    Judges 16:26c,e, KJV
    Song 2:6, 4, NKJV
31. Song 6:1, NKJV
32. 1 K 18:10g,e, KJV
    Song 2:8a, NKJV
    Ps 34:12b, KJV
    Song 2:8c-e, NKJV
33. Jb 33:14c, TEV
    Song 6:10a-c, NKJV
    Song 7:6a,b, NKJV
    Is 47:7c, KJV
    Song 7:6d, NKJV
34. Ru 4:4g,h, NKJV
    Gn 30:16e, KJV
    Is 30:15f, NKJV
    Pr 24:28c, NKJV
35. Song 1:9-10, NKJV
    Song 4:1a-c,f-h, 2, 3a-c,e, 5, NKJV
36. Song 4:9a-c,e,f, NKJV
37. Pr 9:4d, KJV
    Song 1:7a-d, NKJV
38. Song 1:8a-c, NKJV
39. Song 2:17, NKJV

40. Song 4:6, NKJV
41. Es-H 5:1a, TLB
    Zc 1:8a, NIV
42. Song 3:2a-d, NKJV
43. Song 3:3, TEV
44. Song 3:4a,b, NIV
45. 2 K 1:14d, NKJV
    Song 8:10c, NIV
    Ezek 24:16d, NKJV
46. Song 2:5, NKJV
    Song 7:11, NKJV
    Song 8:6, 7b, NKJV
47. Song 4:16, NKJV
48. 2 K 8:14f, KJV
    Song 1:15a-c,e, NKJV
    Song 7:1a,c, NKJV
49. Song 7:2a,c, NKJV
    Ex 39:31b, TLB
    Ps 11:2d, NKJV
50. Song 7:4a,b,d, NKJV
    Ezek 27:3h, KJV
    Song 7:7a, TLB
    Song 7:7b, NKJV
    Song 7:8b-e, 9a, NKJV
51. Dt 4:22b, KJV
    1 Sam 18:21c, NKJV
    2 Chron 9:12b,c, NKJV
    Dan 5:14b, NASB
    Ps 10:4e, KJV
52. 1 K 18:45b, KJV
    Is 49:7m, RSV
    Amos 8:2h, KJV
    Jb 31:10c, RSV
    2 K 4:20c, NKJV
    Ob 16c-e, NKJV
    Song 2:3a,e, NIV
53. Ezek 10:5c, NKJV
    Is 5:26f, KJV
    2 Sam 17:28k, KJV
    Song 8:14, NKJV
    Song 7:12, NKJV
    Dan 9:23c, NKJV
54. 1 Chron 2:21a, NKJV
    Dt 25:19e,c,f, KJV

Nine

1. Neh 10:34g, NKJV
   Ps 106:33b, KJV
   1 K 4:24b, KJV
   Zc 9:10e,g, NKJV
2. Gn 10:9c,e, KJV
   Zp 2:15c,d, NKJV
3. Nah 3:4a, NKJV
   Ps 9:8c, KJV
   2 Chron 15:13b,c, NKJV
   Lam 3:2b,d, NKJV
4. Ex 10:23c, 3b, NKJV
   Is 47:4c, KJV
   Ex 10:3c,e, NKJV
   Jer 10:10c, TLB
   Hos 4:11, TLB
   Ex 10:3f, NKJV
5. Josh 11:11c, NKJV
   Ezek 9:2g, KJV
   2 Macc 15:12b,c, TEV
   2 Macc 3:1b, TEV
   2 Macc 4:37d, TEV
   2 Macc 15:12d,e, TEV
6. Jer 17:16a,b, NKJV
   Ps 45:2a,b, NKJV
7. Ezek 13:3b,c, NKJV
8. Is 50:11, NKJV
9. Zp 3:1a, NKJV
10. 2 K 18:21b,d, NKJV
    2 K 18:21e, TAB
11. Hos 6:4e,f, NKJV
12. Mic 1:10c, 11a,b, NKJV
13. Ezra 10:6f, NKJV
    2 Macc 4:37b, TEV
    Gn 6:5b, TLB
    Gn 6:5c, NIV
14. 1 Sam 13:11b, NKJV
    Is 5:1, TEV
15. Is 5:3b, 4, TEV
16. Is 5:7a,d-i, NKJV
    Jer 8:15d, TLB
    Is 5:7j, NKJV
    Jer 9:10b, TLB
    Hab 2:16a, NKJV
17. Lam 1:19a,b, NKJV
    Jer 44:7e, NKJV
18. 1 Sam 7:3a-f, NKJV
    1 Sam 10:6a,b,d, NKJV
    1 Sam 10:6c, TEV
19. Sir 5:7a,b, TEV
20. Is 40:6e,f, 7a,c,d, 8b,c, NKJV
21. Pr 12:28, NKJV
22. Jer 33:10e, NKJV
    Is 42:24g, KJV

Ps 24:1b, KJV
Neh 9:35c, KJV
2 K 7:7g, KJV
1 Chron 17:22c, TLB
Judges 19:20d, KJV
Jer 23:36e,c, TLB
Is 9:17c, NKJV
23. Hos 1:2f, NKJV
Hos 4:12c,d, NKJV
Judges 19:2b, KJV
Hos 4:12f, NKJV
24. Hos 2:13b,c, NKJV
25. Ezek 23:40d,e, NKJV
Ezek 23:40h, NASB
Hos 9:1a,d, TEV
Hos 9:1e, NKJV
26. Is 33:15e, KJV
Lv 5:13a,c, 11i,b,j, KJV
Neh 9:17c, NIV
Jer 50:6e, KJV
Dt 14:24d, KJV
Zc 11:12c, NIV
Gn 4:1b, TLB
Is 50:10d, NKJV
Dan 6:17d, 16c, NKJV
Ps 102:14b, KJV
2 Chron 6:37b, KJV
2 Es 5:48c, TEV
Gn 30:16f, TEV
Ps 48:1b, KJV
Dt 28:59e, KJV
Pr 14:30b, KJV
Pr 19:7e, KJV
Pr 4:15a, NKJV
Num 8:4d, NKJV
Jer 39:12d, KJV
Josh 4:10b, NKJV
27. Jer 13:25d, NKJV
Hos 4:5a, NKJV
28. Jer 4:30a-g, NKJV
Jer 4:30g, TEV
29. Jer 5:1a,d, NKJV
Jer 5:1g, TEV
Jer 5:1h-j, NASB
Jer 4:27b, NASB
30. Jer 16:17, NKJV
Is 51:4f, NKJV
31. Hos 3:1a, TLB
2 Chron 33:18d, RSV
2 Macc 3:1b, NAB

Ezra 4:2b, TEV
Hos 3:1b, NAB
Hos 3:1d,f, NKJV
Hos 3:1d, RSV
Hos 3:1h, NKJV
Hos 3:1f, RSV
Hos 3:1j, NKJV
32. Ps 89:33, NKJV
33. Jer 32:40, NKJV

Piety

One

1. 1 Macc 13:42b-e, 1b, 7b, NAB
   Gn 24:50c, NIV
   Neh 7:2c, NKJV
2. Jer 2:33, NKJV
   Jer 5:25b, 26a,b, NKJV
   Jer 5:26c, NAB
   Jer 5:26d, NIV
   Es-H 8:11h, KJV
   Jer 5:27a,b, KJV
   Jer 5:27c, NKJV
   Jer 29:23b,f,g, NKJV
   Ezra 7:25c,e,j, NAB
3. 1 Sam 15:20b,e,c, KJV
   Ps 89:17a, 26b, NKJV
4. Ezra 8:21a, NKJV
   2 K 2:13c, RSV
   2 K 2:6d, TEV
   Ezra 8:21c,d,f,g, NKJV
   Neh 11:24d, NKJV
   2 Macc 4:5d,f, TEV
5. Jb 33:27b, NIV
   Ex 22:16b,d, NKJV
   Ex 22:16b,c, 17, TEV
6. Dt 22:28a-c, NASB
   Dt 22:28d, NIV
   Dt 22:29a,b, NASB
   Gn 24:8a, TEV
   Ex 35:5c, KJV
   Dt 22:29c,d, NASB
7. Ex 22:25a, NKJV
   Jer 40:11b, KJV
   Ex 22:25c,e,g, NKJV
8. Ex 23:1a, NKJV
   Ex 23:1b, TEV
9. Ex 23:3a, 2b, 6b, 3c, NKJV
10. Ex 23:7c, NASB
11. Lv 6:2a,c-f, 3, 4, 5a, TLB
12. Lv 15:16a,b, 17a,b, 18a-d, NKJV
    Ps 28:4d, KJV
    Jb 7:4e, TAB
    Song 2:11e, KJV
    Lv 14:42b, 37g, 31f, KJV
    2 Chron 26:2b, KJV
    2 Chron 13:11c, TEV
13. Lv 18:3a-c,e, NAB
    Lv 18:4a, NIV
    Lv 18:5b, TEV
14. Jb 29:1a, NKJV
    Ex 15:26a,b, NKJV
    Josh 22:2c, 1a, NKJV
    Ps 103:3c, NKJV
    Is 10:19b, TAB
    1 Sam 2:3c, TEV
    Ex 15:26g, NKJV
15. Gn 4:7a-c, NKJV
    Gn 4:7d-f, TEV
16. Lv 18:6a, 7a,e, 8a, NASB
17. Lv 18:9, NKJV
18. Lv 18:10a,b, 12, 13, NASB
19. Lv 18:14a,d,e, RSV
    Lv 18:15, TAB
20. Lv 18:16a, NKJV
21. Lv 18:17a, NAB
    Lv 18:17b,c, NIV
22. Lv 18:18a,c, NIV
23. Lv 18:19a, NASB
    Lv 18:19, TLB
24. Lv 18:20a, NASB
25. Lv 18:22a, NKJV
26. Lv 18:23a,c, NASB
    Lv 18:23d, NAB
    Lv 18:23c, RSV
    Lv 18:23f,g, NAB
27. Lv 19:4a,b, NKJV
28. Lv 19:11a,b, NKJV
    Lv 19:11c, NIV
29. Dt 24:14a, TLB
    Dt 24:14b, TEV
    Lv 19:13b, RSV
    Dt 24:15a, RSV
    Dt 24:15a, NIV
    Dt 24:15c-f, RSV
    Dt 24:15b, TLB
    Dt 24:15d, NASB
30. Tb 4:14c,d, TEV
31. Tb 4:14e,g,h, NAB
32. Tb 4:15a, NAB
    Tb 4:15a, TEV
33. Lv 19:17a, 16a, NAB
    Lv 19:16b, TAB
    Lv 19:16c,d, TEV
34. Lv 19:28a, TLB
    Lv 19:28b, TEV
35. Lv 19:29a, NIV
    Lv 19:29b, TAB
36. Lv 19:31a, TEV

Lv 19:31c,e,b,f, RSV
37. Lv 19:32c,e,b, NKJV
Lv 19:32b, TLB
38. Lv 19:36a, 35b,c, NIV
Lv 19:35a, TEV
39. Ex 20:5c,d, 6a,c, TAB
40. Lv 21:1c, TLB
Lv 21:7a,c, NAB
Lv 21:7d, RSV
Lv 21:10a, 14d, NKJV
41. Lv 23:22a,b, NIV
Lv 23:22d, NKJV
Lv 23:22e, TEV
Dt 24:19a-g,i, NKJV
42. Dt 24:20a,b, NKJV
Dt 24:21a,b, TEV
Dt 24:22, NKJV
43. Lv 24:22a, NKJV
44. Lv 25:8-10, 11a, NAB
Lv 25:11, TEV
45. Lv 25:14-16, NAB
46. Lv 25:17b,c, NKJV
47. Lv 25:3-5, NKJV
48. Lv 25:18, NIV
Lv 25:19-20, NAB
49. Lv 25:21-22, TEV
50. Lv 25:35, 36a, 37b,c, 36b, TEV
51. Lv 25:39-40, 43a, RSV
52. Num 15:39b,c, NASB
Num 15:39d, 40b, TAB
53. Dt 6:20a, NKJV
Dt 6:20b,d, TEV
Dt 6:20c, TLB
Dt 6:21a, 24b,d,e, NKJV
54. Dt 8:10a,b, NKJV
55. Dt 8:11a, KJV
Is 63:19c, NKJV
Dt 8:11c,e, NKJV
Judges 2:17f, NKJV
Dt 8:12, 13, 17a,b, NKJV
Dt 8:17c, TEV
Jb 27:8c, TAB
Es-H 5:13d,b, KJV
56. Dt 14:28a, 29a,c,d, NAB
Dt 14:29e,f,h, NKJV
57. Dt 22:4a,b, NIV
Dt 22:4e, TAB
58. Dt 22:5a,b, NKJV
Lv 18:17e, NASB
59. Dt 24:5a,b, NKJV

Dt 24:5c,e, TEV
Dt 24:5d, NKJV
Dt 24:5g, TEV
Dt 24:5e, NAB
Dt 24:5f, NASB
60. Dt 12:8, TLB
Dt 12:1a,c, NKJV
61. 2 Es 1:33a, TEV
1 Sam 2:3a,b, TEV
1 Sam 2:3c, NKJV
1 Sam 2:3c,d, NIV
1 Sam 2:3e, NKJV
62. 2 K 17:35c,d, NKJV
63. Ps 34:9a-c, NKJV
Ps 34:9d, NIV
64. Ps 84:11c, NKJV
Ps 34:10c, NKJV
Ps 84:3b, 11d, NKJV
2 K 20:3e, NASB
65. Ps 37:37a, NAB
Ps 37:37b-d, NKJV
66. 2 Chron 18:18a, TLB
67. Ps 128:2, 3, NKJV
68. 2 Chron 19:5a, 6b-e, 7, NKJV
69. Ps 146:5b, 8c, NKJV
2 Chron 19:9c,f, 10f,g, NKJV
70. Ezra 7:24a,c,f-i,k, NKJV
71. Neh 10:29d,g, NKJV

Two

1. 2 Es 2:1a, TEV
Es-H 1:22e, NKJV
Es-G 1:20c,d, TEV
2. Pr 11:1, TLB
3. Pr 22:22a, NKJV
4. Pr 23:1a, TLB
Pr 23:3, NKJV
5. Pr 23:6a, 7, RSV
6. Pr 25:8, NKJV
Pr 25:9, TLB
Pr 25:10, NKJV
7. Pr 27:10d, NKJV
8. Pr 27:23, 24a, NKJV
Pr 27:23a, TLB
Pr 27:25-27, NKJV
9. Ec 8:2a, 5a, TLB
Ec 8:5b, NKJV
10. Ec 10:17e,f, NKJV
11. Ec 11:6, NKJV

Ezra 4:22a, NKJV
12. Is 3:10d,b,f, 11, NASB
13. Is 33:15a-c, TAB
    Is 33:16c,d, NKJV
14. Is 50:10, NKJV
15. Is 56:1b,c, 2, NASB
16. Is 58:13, NKJV
    Dt 29:9, NKJV
17. 1 Macc 2:21, TEV
18. 2 Macc 9:12d, TEV
19. Ezek 3:27e-h, NKJV
20. Ezek 7:13e, NKJV
21. Hos 9:1a,c, NKJV
    Amos 3:10a,c, NKJV
    Amos 3:10c, TEV
22. Mic 5:13c, NKJV
    Mic 2:2b, 6a, NKJV
    Zp 1:18b, 7a, NKJV
23. Hag 2:4i,j,l, NKJV
24. Zc 1:4e, NKJV
    Gn 49:6e, NKJV
    Zc 1:4g,i, NKJV
    Mal 3:12a,b, NKJV
25. Tb 4:5a,b,d-f, 6, TEV
26. Tb 4:7a,c,d, 8, TEV
27. Mal 2:14f,i,j, 15a, 14d, 15c,e, NKJV
    Gn 27:45f, KJV
    Mal 2:15g-j, NKJV
28. Tb 6:17g,h, NAB
29. Tb 4:12b, TEV
30. Tb 4:15b,c, TEV
31. Tb 4:16, TEV
32. Tb 4:21c, 19b, 21e,g, TEV
    Tb 12:8, TEV
33. Tb 14:7b, 8d, 9a,b, TEV
    Tb 14:9g,i, NAB
34. Mic 2:11a-c, NKJV
    Jb 15:31b-d, NKJV
35. Sir 1:18, TEV
36. Sir 1:28, TEV
37. Sir 1:29, 30a,b, TEV
38. Sir 2:1b,c, 2, TEV
39. Sir 2:11a, NAB
    Sir 2:11b, TEV
40. Sir 3:10, TEV
41. Sir 4:28, NAB
42. Sir 4:29-31, TEV
43. Sir 5:4a, 5, TEV
44. Sir 6:5, TEV
45. Sir 7:12, 13, TEV

46. Sir 9:5, TEV
47. Sir 10:6a,b, NAB
    Sir 10:6a,c, TEV
48. Sir 11:20, TEV
49. Sir 12:3, TEV
50. Sir 13:1, TEV
51. Sir 13:24, 25, TEV
52. Sir 17:20a, NAB
    Sir 17:25b,c, TEV
    Sir 17:21a, NAB
53. Sir 18:32, TEV
54. Sir 19:10, TEV
55. Sir 23:13, TEV
56. Sir 25:14, TEV
57. Sir 19:1c,d, TEV
58. Sir 25:21, 22, TEV
59. Sir 26:7, TEV
60. Sir 42:9a, NAB
    Sir 42:9c-h, TEV
61. Sir 26:10, TEV
    Sir 42:20b, 11c, TEV
    Sir 26:11f,b,g, 12a, TEV
    Sir 26:12c, NAB
62. Sir 26:23, 24, TEV
63. Sir 26:25, 26a-c, TEV
64. Sir 27:30, TEV
65. Sir 29:1a, 2a, 1c, 2c-f, 3, TEV
66. Sir 29:12, 13, TEV
67. Sir 29:21-23, TEV
68. Sir 31:12a, NAB
    Sir 31:12b-d, 13a,c, TEV
    Sir 31:13a, 15a, 14, NAB
    Sir 31:15, TEV
69. Sir 31:16-18, TEV
70. Sir 31:19, 20, 21a,b,d, TEV
71. Sir 31:31, TEV
72. Sir 40:12-14, TEV
73. Sir 42:6, 7, TEV
74. 2 Es 16:76c, 77a,c, TEV
75. Sir 42:8b-d, TEV
76. Ezra 10:11a, c,e,d, NKJV
77. Ezra 10:3e, 4a,b,d,e, NKJV
78. Ezra 10:12, NKJV
79. Neh 2:2a, NASB
    Is 42:21a,c, TAB
    Dt 5:27c,e, NASB
    Is 42:21b, NASB
80. 1 K 22:17f, NKJV
81. Neh 5:13f,g, NKJV
82. 1 Es 9:54, 55a, TEV

Ezra 6:21b,c, NKJV
83. Is 38:3b,c, RSV
Is 38:3e, NKJV
1 Chron 28:9e, NKJV
Is 38:3f, NKJV
Is 38:3f, RSV
Is 38:3g, NKJV
Neh 13:31b-d, NKJV
84. Jb 31:40c, NKJV
85. 1 Macc 14:4a, TEV
Amos 8:13a,b, NKJV
2 Chron 36:21c, KJV
1 Macc 14:22f, TEV
1 Chron 12:32c, KJV
Ps 2:2c, KJV
1 Macc 14:4b-d, TEV
86. 1 Macc 14:8-11, TEV
87. 1 Macc 14:12, 13, 14a,b, TEV
1 Macc 14:14c, NAB
Gn 35:2b, TEV
1 Macc 14:14e, TEV

Three

1. Jb 1:6a,b, RSV
Jb 1:6e,f, TAB
2. 1 Sam 18:9b, 7b, NKJV
Judges 13:12c,d, NKJV
3. Ps 37:36d, KJV
2 Chron 2:12e,f, NKJV
2 Chron 2:12g, RSV
Ezra 7:8a, 10b-d, NKJV
4. 1 Sam 29:3g, NIV
2 Chron 21:15c, NKJV
1 Sam 19:5b, KJV
Ps 16:9d, TAB
Ps 19:14b, TAB
2 Chron 2:11b, NKJV
5. Es-H 9:32b, NKJV
Jer 12:5a-d,f,g, NKJV
6. Ps 38:17c, NKJV
Ps 88:15a, NKJV
Jb 6:8a,c, NKJV
7. Jb 5:6, 7, NKJV
8. Jb 6:24a,b, NKJV
Jb 6:24d, NASB
9. Jb 10:15a,b, NKJV
10. Jb 29:11-15, 16a, NIV
11. Jb 31:19, NAB
Jb 31:32, NKJV

Jb 31:24a,b, 25a, 35d,e, NKJV
12. Ps 11:7b,c, NKJV
Ps 18:30b,e, NKJV
13. Gn 18:25a,c,f, NKJV
14. Ps 4:1a,b, NKJV
15. Ps 5:6b,d, NKJV
16. Ps 22:1a-c, NKJV
Ps 22:1d, TLB
17. Ps 27:11a-c, NKJV
18. Ps 31:24a,b, NKJV
Ps 34:9c, 7a, RSV
Ps 34:7b, NKJV
19. Ps 36:1b,c, NKJV
Ps 28:4d, NKJV
Ps 20:8a,c,d, NKJV
20. Ps 37:29a,b, NKJV
Ps 49:12a,c, NKJV
Ps 39:5d,e, NKJV
Ps 39:5f, NASB
Ps 39:6b,c, NKJV
Ps 39:6d, NASB
Ps 39:6d, TLB
21. Ps 45:7a, NKJV
22. Ps 50:14a, NKJV
Ps 6:5, NKJV
Ps 88:5a,c, 10b, 11a, 12b, NKJV
1 Sam 20:2i, KJV
Ps 115:17a, NKJV
23. 2 Sam 7:11d, 18g, NKJV
Ps 46:10a,b, NKJV
24. Ps 22:22, NKJV
Ps 59:16b,c, NKJV
25. Ps 42:8c, NKJV
Ps 69:6a,c-e, NKJV
26. Ps 77:13a-c, NKJV
Ps 7:9d, NKJV
Ps 72:13b, NKJV
27. Ps 86:11, NKJV
28. Ps 76:11e,a, 10a, 11d, NKJV
29. Dt 4:30c,e, 31a,c,d, NKJV
30. Ps 92:12a, NKJV
Ps 101:7a,c, TLB
Ps 101:7b, TEV
31. Ps 106:3, TLB
32. Ps 115:3b, 13b, NASB
Ps 115:13c, NAB
33. Ps 119:5-6, NKJV
34. 1 K 3:9b,d, NKJV
35. 1 K 8:31a,b,d, 32a-c, NKJV
2 Chron 6:23e, NKJV

1 K 8:32d, TEV
36. 2 Chron 24:22c, NIV
    2 Chron 24:22f,g, NKJV
37. Ps 119:21a, NKJV
    Ps 119:21b, NASB
    Ps 119:21d, NKJV
38. Ps 26:12a, NKJV
    Ps 119:73a,c-e, 78d, NKJV
39. Ps 119:105, TEV
    Ps 119:105b,e, TLB
40. 1 K 8:27a, NAB
41. Ps 119:130, NKJV
42. Ps 119:132a,b,d,c,e, NKJV
43. Ps 139:13, NKJV
44. Ps 141:2, NKJV
45. Ps 143:7a-d, 8a,c, NKJV
46. Ps 143:10a,b, NKJV
    Ps 143:10c, NIV
    Ps 143:10e, NKJV
47. Ec 10:4a,b, NASB
    Ec 10:4d, NKJV
    Ec 10:4e, TAB
    Ec 10:4e, NKJV
48. Ec 8:8a-c, NKJV
49. Pr 10:4, NKJV
50. Pr 11:2a, TLB
    Pr 11:2c, NIV
51. Pr 11:28, NKJV
    Pr 12:22, NKJV
    Pr 14:2a, NKJV
52. Pr 16:31, NKJV
    Ws 4:9, TEV
53. Pr 22:9, NKJV
54. Pr 26:20, NAB
55. Pr 28:27, TEV
    Pr 29:7a, NIV
    Pr 29:7b, NKJV
56. Pr 29:21, NKJV
57. Is 8:17a,f,h,b,c,e, RSV
    Is 5:16a,d, NKJV
    1 K 8:43c, NKJV
    Is 17:7a,b,d, NKJV
    Ps 119:14b, TLB
    Ps 119:14c, NKJV
58. Is 4:6, NKJV
59. Lam 3:57, NKJV
60. Jer 32:19c,d, NKJV
61. Is 41:10c, KJV
    Dan 9:21f, NKJV
62. Lam 3:38, 39a,c, NKJV

63. Jer 45:5b-h, NKJV
64. Mic 7:18a,b, NKJV
65. Hab 1:13a,c,d, NIV
    Hab 3:14d, KJV
    Hab 1:13f, NIV
66. Jon 4:4b, NKJV
67. Jon 3:2f, 1b, TLB
    Jon 4:9c, TLB
    Jon 4:9d,e, NKJV
68. Amos 3:3, NKJV
69. Ps 104:35e, NASB
70. Sir 35:12c, 18a, 13b-d, TEV
71. Dt 21:8a, KJV
    Sir 29:8c,d, 9, TEV
72. Sir 35:15, TEV
73. Sir 17:27, 28, TEV
74. Sir 41:1, 2, NAB
75. Sir 41:3, 4, TEV
76. Bar 3:18b,c, 19, TEV
77. Bar 3:24a-c, 25, TEV
    Hab 3:9d, NKJV
78. Bar 3:29-31, TEV
79. Bar 3:36b, 37b,c,g, 38, NAB
80. Ws 3:9a, TEV
    Ws 3:9b,d,f, NAB
    Ws 3:9d, TEV
81. Ws 9:2, 3, 5, 4, TEV
82. Ws 2:1b,d-h, 2a-e, TEV
    Ws 2:3b, NAB
    Ws 2:3b,c, 4, 5a, TEV
83. Ws 2:6a-c, TEV
    Ws 2:6c, NAB
    Ws 2:6e, TEV
    Ws 2:7a, 9a, NAB
    Ws 2:10a, 11a, 12a,b, 19b-d, 21a, TEV
84. Sir 40:15, 16a,c,b, TEV
85. Amos 8:5g,h, NASB
86. Ws 9:9a-c,e, 10a,c,d, 11, TEV
    Ws 9:12a,b, NAB
87. Ws 16:24c,d, TEV
88. 2 Es 7:45d, TEV

Four

1. Jb 1:1a,c, NKJV
   Jb 1:1d,c, NIV
   Jb 1:1c, NAB
   2 K 5:1f,c, NKJV
2. Gn 24:27b,d, NKJV
   Gn 24:27e, TLB

3. Jb 1:8a,b,d, NAB
4. Josh 10:40e, 42b, RSV
   2 Chron 33:12b-d, NKJV
5. Tb 3:6b,c,e-g,k, TEV
6. 2 K 2:23c,d, NKJV
7. 2 K 2:4a, TLB
   Zc 7:3d,f, NKJV
   Ec 1:9c, KJV
   Ru 3:4e, NASB
   Amos 4:6c, KJV
8. 1 K 21:26a, 27a, NKJV
   1 K 21:27b,c,e, NASB
9. Jer 20:7a,f,g,b-e, NKJV
10. Jer 20:9a-c, NKJV
11. Jer 20:9d-g, NKJV
12. 1 Sam 6:10e, KJV
    1 Chron 7:23b, NKJV
13. Gn 19:26a, KJV
    Dan 6:24c, 23b, KJV
    Gn 19:12c, NASB
    Dt 2:7d, KJV
    Num 31:19b, 23b, NIV
    Hab 3:16b, NKJV
    Gn 26:28b,c, KJV
    Zc 3:7e, NIV
14. 1 K 18:41b, TEV
    1 K 11:22d, NAB
15. Jb 2:9a,b, NKJV
16. Jb 31:1, NKJV
    Jb 27:3a,d, 4, 6, 5a, NKJV
17. Jb 27:5c, TLB
    Jb 27:5c, NIV
    Lv 27:17c, NKJV
18. Judges 13:10a, NKJV
    Ex 8:3c, KJV
    Judges 13:10b,e, NAB
    Judges 13:8d,f, NKJV
19. 2 K 6:27a-c, NKJV
    2 K 5:7h,d,e, NKJV
20. Jb 19:21a,c,b, NKJV
21. Neh 6:4, NIV
22. Judges 16:15a, NASB
    Ru 2:6c, KJV
    Neh 6:5b, NASB
    2 K 6:15g, NKJV
23. 2 K 6:16a,b, NKJV
    1 Sam 25:35c-e, NASB
24. 1 K 17:13a, NASB
    Neh 9:13d,e, NKJV
    2 Chron 8:16b, NKJV
    Neh 9:13f, NKJV
    Jer 31:31e, KJV
    Mal 2:5b, NKJV
    Ezra 1:2e, 1d, 5d, 1f,e,g, RSV
25. Jb 33:3, NKJV
    Neh 9:12c, NKJV
    1 Chron 29:18c,g,h, 19b, 18i, NKJV
26. Gn 1:29a, NKJV
    Gn 1:29b,c, 30a,c, NIV
27. Dan 1:12e,c,f,i,g, NKJV
    Sir 36:18, TEV
28. Pr 3:9a, NKJV
29. Pr 28:22a, NKJV
    Pr 28:22b, NIV
30. Pr 3:27a, NIV
    Pr 3:27b, 28, NKJV
31. Pr 3:30, NKJV
32. Pr 11:18, NKJV
33. Pr 12:4, NKJV
34. Pr 12:17, NAB
35. Pr 12:24, NKJV
36. Pr 13:3, NIV
37. Pr 13:4, NKJV
38. Pr 13:18, NKJV
39. Pr 13:25, NKJV
40. Pr 14:5, NIV
41. Pr 23:12, NKJV
42. Pr 29:15a, NIV
    Pr 29:15b, NKJV
43. Pr 31:3a, TEV
    Pr 31:3b, NASB
44. Pr 31:4c,d, 5a,c, NKJV
    Pr 31:5b, TLB
45. Pr 31:6a, NIV
    Pr 31:6b, NKJV
    Pr 31:7, NIV
46. Ec 5:18a, NKJV
    Ec 5:18b,d, NIV
    Ec 5:18c,d, TEV
47. Ec 9:9a, NIV
    Ec 7:2d, NIV
    Ec 9:9c, NASB
    Ec 9:9j,f, NIV
48. Jb 4:8b, NKJV
49. Ws 19:15, TEV
50. Jb 38:32a, 31a, TEV
    Jb 38:31c, NKJV
    Amos 5:8a,b,d,h, TEV
    Mic 4:13h, NKJV
51. Judith 8:12a,c,e, NAB

Judith 8:13b, TEV
52. Jb 15:7, 8, 9a, NKJV
53. Judith 8:14a-c,e, NAB
54. Judith 8:14e,f, TEV
    Judith 8:14h, NAB
    Judith 8:14h, TEV
    Judith 8:14j, NAB
55. Tb 13:9e, TEV
    Ezra 7:21h, NKJV
    Ezra 6:20c,f, TEV
    Mic 5:2f, 4e, NKJV
56. Jb 13:10, NIV
    Jb 36:21a,b, NKJV
    Jb 20:20b, NIV
    Ps 14:1f, NIV
    Jb 20:20c, NIV
    Jb 20:20b, NKJV
57. Ps 49:18b, KJV
    Gn 17:24b, 22b, 17d, NKJV
    Ex 40:32c, KJV
    Ex 4:16e, KJV
58. Gn 26:11d, KJV
    Is 41:9d, 8f, NASB
    Is 11:16e,g, KJV
    Dan 9:26e, 25e, TLB
    2 Chron 34:31b,c, KJV
    2 Macc 14:41f,g, TEV
59. 2 Sam 12:23a,c-e, NKJV
60. Hab 2:5e,h,j, KJV
    1 Sam 15:32f, KJV
61. Jb 34:20a,b,d,f, NKJV
62. 2 Macc 6:19b, TEV
63. Jb 16:22b,d,f, NKJV
    Jb 17:16b, NKJV
64. 1 K 17:24a, 19b, NIV
    Ps 4:4e,d, NIV
    1 Sam 12:7b,c, NKJV
    2 Sam 14:14a-c, NKJV
65. 2 Sam 14:14d,e, NKJV
66. 1 K 8:28c,b, 30b,f-h, NKJV
    Dan 9:19d, 16g, TLB
67. Dan 9:18f,g, NKJV
68. 1 K 18:1c, NAB
    1 K 3:11b-e, 12a,b, NKJV
    1 K 3:12c, NAB
    1 K 3:13b, TLB
    1 K 3:13c, NKJV
69. Gn 3:12a, KJV
    1 Sam 26:24d,e, NKJV
70. 2 K 2:4a, NAB

Ps 147:1c, NKJV
Ps 150:4a,c, NKJV
Ps 147:1d,g,f,e, NKJV
71. Ps 146:3, NKJV
    Ps 146:4a,b, TEV
    Ps 146:4c, NKJV
    Ps 146:4d, TEV
    Ps 146:4e, NKJV
72. Is 3:2c, KJV
    1 K 17:16f,d,h, RSV
    Neh 12:27c, RSV
    2 K 4:13d,e, NKJV
73. 2 K 5:16a-d, NKJV
74. 2 K 5:12e,f, NAB
    Judges 16:28f, NIV
    1 Sam 30:21g, KJV
75. 1 K 21:19c, NKJV
    Ezek 48:10i, NKJV
    Ezek 29:11b, NKJV
76. Hag 1:4a,c,d, NKJV
77. 2 Chron 30:8a,c, NKJV
78. 2 Chron 30:9d, NASB
    2 Chron 30:9f,h,b, RSV
79. 2 Chron 33:8c, NKJV
80. Ex 35:29a,b, NKJV
    2 Chron 31:5e,f, TLB
81. 1 Macc 12:23c-e, TEV
82. 2 Chron 31:10c, NASB
    2 Chron 31:10f,g, NKJV
83. 2 K 10:20d, KJV
    Es-H 9:19b,d,f, 22f, NKJV
    Ezra 2:69b, TLB
    Ezra 2:69a, NKJV
84. 2 Macc 8:14b, TEV
85. 1 K 8:57a,c, 58b, TEV
    1 Sam 7:3d,f, KJV
    Josh 24:23d, 24d, NKJV
    1 K 8:58c,e, NIV

Five

1. Jb 11:6d, KJV
   Gn 16:3c, TEV
   Jb 4:15b, KJV
   Is 25:7b,d, TLB
   Is 25:7c,e, NKJV
2. Bar 1:1d,b, TEV
   Dan 1:4a, NKJV
   Dan 1:4b-e, NASB
3. Ps 21:4a, KJV

    1 Sam 11:5d,e, NKJV
4. 1 Macc 7:12a, 18d-f, TEV
5. 2 K 7:9a,b, 4a, NKJV
    Song 6:13i,j, KJV
    Jer 35:17f,i, TEV
    Mal 3:12c,e, TLB
6. Es-G A:11b, TEV
    2 Sam 17:5d, KJV
    Jer 36:13b, KJV
    Es-G A:11d, TEV
    Jer 36:8a, KJV
    Neh 1:4d,e, NKJV
7. Es-G B:2e,f, TEV
8. Gn 37:5c,e, KJV
    Tb 1:3a, TEV
    Dan 6:22f, NKJV
    Tb 1:16b, 17a-d, TEV
9. 1 Sam 12:3a,b,d-g, NKJV
    1 Sam 12:3h, TEV
    1 Sam 12:3i,j, RSV
10. 1 Sam 12:4, NKJV
11. Jer 36:18a, NASB
    2 K 9:19g, NKJV
    Amos 4:12d, NKJV
12. Jer 36:14f, NIV
    Neh 8:4b, 9a,f, NKJV
    2 Macc 9:19c, TEV
13. Bar 3:9, NAB
14. Dt 28:2c, NASB
15. Dt 4:29b,e,c,g,i, NKJV
16. Dt 4:40a,b, TLB
    Dt 4:40c, NKJV
17. Dt 5:32b,c, NKJV
18. 1 Sam 2:30d, NKJV
    Ob 14a,c, NKJV
    1 K 13:26d, TEV
    Mic 1:16b, NKJV
19. 1 Sam 2:30f,g, NKJV
20. 2 Sam 10:12c, TLB
21. 2 Sam 23:3c,d, NKJV
22. Dt 8:5b, NKJV
    Dt 8:5d, NAB
    Dt 8:5d, NKJV
23. Dt 15:7d, 8, RSV
24. Dt 15:9a,e-h, RSV
25. Dt 15:10, RSV
26. Dt 15:11, RSV
27. Dt 16:18a,d, 19, NKJV
28. Dt 16:20a,b, NKJV
    2 Chron 35:21i, KJV

29. Ps 136:26b, NKJV
30. Ps 132:9a, NKJV
31. 2 K 12:1d, 8b, 9b-d,f, NKJV
32. 2 K 12:11, 12a,b, NKJV
    2 K 12:12c, NASB
    2 K 12:12b, NAB
33. Neh 2:18d, NIV
34. Ezra 4:4b, NKJV
    Ezra 5:8d, TLB
    Neh 4:6c, TEV
    Neh 4:6d, NKJV
35. Ezra 6:12d, 9k, NKJV
36. Jb 7:1a, NKJV
    Jb 37:6c, KJV
37. Dan 6:26b,d,f, NKJV
    Dan 6:26c, NASB
    Dan 6:26c, TLB
    Dan 6:26i, NKJV
    Dan 6:26d, TLB
38. Amos 6:3a, RSV
    Amos 6:3b,c, NKJV
    Ps 94:20b, KJV
    Amos 6:3e, NKJV
    Amos 6:4-6, RSV
39. Mic 6:16e, NAB
    Mic 6:16f, NKJV
    Gn 3:14b, RSV
    Hos 5:11c, NKJV
    Is 29:13f, TEV
    Is 29:13e, NASB
40. Lv 26:14a, 3d,b, 12, NKJV
41. 2 Chron 6:22a, KJV
    Lv 26:40b, 41b,c,d, NKJV
    Jer 27:22d,b, NIV
    Zc 4:7f, NKJV
42. Gn 18:19a, TEV
    Gn 18:19b,d,f,g, NKJV
    2 Chron 20:32c, NKJV
43. Josh 7:13f, KJV
    Dt 27:16a, NKJV
44. Dt 27:16b,d,e, NKJV
45. Dt 27:21a, NKJV
    Dt 27:21b, TLB
46. Dt 27:21b,d,e, NKJV
47. Dt 27:22a, TLB
    Dt 27:22b, NAB
48. Dt 27:22c,e,f, NKJV
49. Dt 27:24a, NKJV
50. Dt 27:24b,d,e, NKJV
51. Mal 1:14b, NKJV

52. Mal 2:16b,d-f, NKJV
53. Josh 24:14a,b,d, NKJV
    Josh 24:14d, TEV
    Josh 24:15b-d,f,g,i,j, NKJV
54. Josh 24:16a, 18b-d, 16b, TLB
55. Jb 8:6a,b,e,f, TLB
    Nah 1:9a,b, NKJV
56. Ex 24:7c, RSV
    Jb 8:9b, RSV
    2 Sam 20:19b, NKJV
    Mic 4:5, NKJV
57. 1 K 20:14f, NKJV
    Ezek 13:22b, NKJV
    1 K 18:21d, NKJV
    Neh 1:11d, KJV
    Dan 7:27d, TEV
    1 K 18:21f,g,c, NKJV
58. Ps 105:40a, KJV
    1 K 20:14g, NKJV
59. 1 K 20:14i,j, NKJV
60. 1 K 18:21h, NIV
61. 1 K 18:22a, NIV
    1 Sam 25:6b-e, NKJV
62. Zc 8:12a, NKJV
63. 2 K 9:15a, 22g, NKJV
    Mic 4:10h,g,j, NAB
    2 K 9:22h, NKJV
64. 2 Es 16:50b,c, TEV
65. Ezek 24:14i, NKJV
    Ezek 24:14h,i, NAB
66. Ezek 34:2e,f, NKJV
67. Amos 6:10i, NKJV
    Ezek 12:19c, TLB
    Zc 7:6b, TAB
    Amos 6:10j, TLB
68. Jb 6:28, NKJV
    Jb 6:29a-c, 30a,c, NAB
69. 1 Chron 22:11c, TLB
70. 1 Chron 22:19a, NKJV
71. Josh 22:5, NKJV
72. 1 Chron 28:10c,d, NKJV
    1 K 8:60, NKJV
73. 1 Chron 28:19a,c,e, NKJV

Six

1. Es-H 1:14k, KJV
   Ps 46:8c, KJV
   Jb 3:17-19, NKJV
2. Ezek 34:28, NKJV
3. Ezek 36:31a,b, NKJV
   Gn 35:2f, KJV
   1 K 8:48b, TAB
   Ezek 16:47e, NASB
   Ezek 36:30b, 31b, TEV
   1 K 2:3i, NKJV
4. Ps 144:12b,c, NKJV
   1 Sam 8:13, NKJV
   1 K 20:8b, NKJV
   Tb 10:12k-n, TEV
5. Is 40:18a, 20d, 18c, NAB
   Is 40:18b, NKJV
6. Is 40:25c,d, 26a,b, NKJV
   Is 34:1h,i, TAB
7. Is 41:2a, NAB
   Is 41:4a-e, TEV
   Is 51:9g,f, NASB
   Is 41:4f-h, TEV
8. Is 45:7, NKJV
9. Is 45:10, NKJV
10. Is 45:18a-h, 21h,i, NKJV
11. Is 59:15c, NIV
    Is 59:16b,d, TAB
    Is 59:16c, 17b,d,f, NKJV
12. Is 59:18a, NKJV
    Ezek 14:23b, NIV
    Is 59:18c, NKJV
13. Jer 7:3, RSV
14. Jer 7:5b, TEV
    Jer 7:5a,b, NIV
    Jer 7:6a, TEV
    Jer 7:6b,c, TLB
    Jer 7:6d, 7a, NIV
    Jer 7:7c, TEV
    Jer 7:7d, NKJV
15. Hos 13:4b,c, NKJV
16. Jer 23:25, 26a,c, 27a, NKJV
17. Jer 23:21a,c,d, 22a-c, NKJV
    Jer 3:5d, TLB
    Jer 3:5e, KJV
18. Jer 26:13a, TEV
    Jer 26:13c, NKJV
    2 Sam 3:18a,b, NKJV
19. Gn 40:23b, KJV
    Judith 16:22a,c,b, 23b, TEV
20. Jer 13:27, NASB
21. Tb 6:17a, 18d,e, NAB
    Tb 8:4c, 5d,e, NAB
    Tb 8:5e, TEV
    Tb 8:6a, NAB

Tb 8:6c-e, TEV
Tb 8:6f, 7a,b, NAB
Tb 6:15b,c, NAB
Tb 8:7c,d, NAB
Tb 8:7d, TEV
Tb 8:7f, 8b,c, NAB
22. Jer 29:4a,e, 5, 6, 7a,b,d, NKJV
23. Jer 32:39b-d, NKJV
24. Jer 31:9a-f, NAB
25. Jer 38:20c-f, NKJV
26. Gn 40:7c, NKJV
    Jer 31:17b,c, NASB
    Zc 8:23c-f, NKJV
27. Jer 50:7e,f, NKJV
28. Jer 51:16, KJV
29. Lam 3:25a,c, 26, 27, 28a, NKJV
30. Sir 2:16, TEV
31. Sir 36:25d,e, TEV
32. Ru 4:7b,c, NKJV
33. Judith 8:24c, TEV
    Is 50:4d,b, 7c, KJV
    2 K 12:15c, TLB
34. Az 3, 4, TEV
35. 2 Es 2:10a, 20b-g, 21, TEV
36. Jer 44:17a, KJV
    Az 19a, TEV
37. 2 Es 8:35, TEV
38. 2 Es 10:24, TEV
39. 1 Chron 29:5c, NKJV
    Judges 6:20c, NKJV
    Es-H 3:7i, KJV
    1 Chron 29:5e, TLB
40. 2 Chron 6:13e,g,i, 14a,b, 16g, NKJV
41. 2 Chron 15:2f-j, NKJV
42. 2 Chron 16:9b,c, TLB
    1 Sam 21:4e, TLB
    1 Sam 21:5e, NAB
43. 2 Chron 25:4e-g, NIV
44. Neh 8:6d-h,b,c, NKJV
45. Neh 8:10a-e, NKJV
    Neh 8:10c, TLB
46. 2 Chron 29:30b, NKJV
    2 Chron 30:21d, NKJV
    Neh 8:12c, NKJV
47. Neh 9:25h,i, NKJV
    Ezra 1:5c, NASB
48. Ec 3:17d, KJV
    Is 14:24d, KJV
    Jb 30:21a, NKJV
    Neh 13:2c,e, NKJV

Jb 42:10b, NKJV
1 Chron 13:4b, NKJV

Folly & Iniquity

One

1. 2 Es 3:22c,d, TEV
2. Dan 11:35b, KJV
   Jb 11:5b, KJV
   Is 43:9h, KJV
   Is 65:5b-d, NKJV
   Ezra 4:10b, NKJV
3. Ps 14:5a, KJV
   Ex 1:9f,d, TAB
   Ex 26:20h, 17f, NKJV
   2 Chron 20:33c, NKJV
   Ezek 48:8g, NKJV
   Ps 49:8b, KJV
   1 Chron 5:25a, NKJV
   Judges 19:2a,c, KJV
   1 Chron 5:25d, NKJV
   Ps 31:11c,f, TEV
   Ezra 3:8i, TLB
   Ezra 3:8g, NKJV
4. Ezek 7:4a, 27d, NASB
   Jer 42:20b, NKJV
5. Jer 42:20c-f,h,i, 21b, NKJV
   2 Chron 8:14f, NKJV
6. Dt 6:16a, NIV
   Jer 15:17b, 15j,h, NKJV
   Dt 6:16b, NIV
   Pr 20:25, NKJV
7. Jb 7:19a, NKJV
8. Is 42:17b-e, NKJV
9. Lam 1:20e, NKJV
   Jer 50:38c,d, NKJV
10. Ps 17:14e, NAB
    Ps 17:14f,h,g,i, NASB
11. Ezra 8:27c, NKJV
    Amos 5:20a, 26c,d, NKJV
    Amos 5:27b,c, NKJV
12. Ws 13:17b-d, 18, 19, TEV
13. Is 8:19a,c,e,g, NKJV
    Ru 2:2d, NKJV
    Is 8:19d, TLB
    Is 8:19i, NKJV
14. Is 28:26, NASB
    Jb 41:3d, TAB
    1 K 19:12d, TAB
    1 K 19:12d, NKJV
15. 2 Es 7:21, 22a,b, TEV
    Jb 34:25b, TEV
    2 Es 7:23, TEV
16. Ps 53:1a,b, NKJV
    Mic 3:7d, NKJV
    Mic 2:7b, NKJV
17. Neh 9:29d,e, NKJV
    Neh 9:29d, NIV
    Neh 9:29f, NAB
    Neh 9:29f, NIV
    Neh 9:29i, NKJV
    Neh 9:29h, NIV
    Neh 9:29k, NKJV
18. Ps 53:1c-e, NASB
19. Ps 53:2a, NKJV
    Ps 53:2b,c, NASB
    Ps 53:3a,b, RSV
    Ps 53:3c,e,f, NASB
20. Hab 1:4c,a,b,d-f, NASB
21. Dan 11:27b, NIV
    Gn 25:23e, NIV
    Dan 11:27d, NIV
22. Ps 109:17, NAB
23. Sir 22:27a, NAB
    Sir 22:27b,c, TEV
    Sir 23:1a,b, NAB
    Sir 23:1c,d, TEV
24. Sir 23:4a-c, 6d,b, TEV
    Sir 23:6b, NAB
    Sir 23:6a,f, TEV
    Sir 23:5b,a, NAB
25. Pr 25:28a, NKJV
    Pr 25:28b, TAB
26. Pr 29:22, NKJV
27. Jb 5:2b,c, NKJV
28. Pr 14:15, NKJV
29. Is 5:20, NKJV
    Is 29:10a, TLB

Two

1. Jer 7:23b-f, NKJV
   Jer 7:23e,f, NIV
2. Jer 7:24a, NKJV
   Jer 7:24b, NIV
   Jer 7:24c,e, NKJV
   Jer 7:24d, TEV
   Jer 7:24g, NKJV
3. Jer 22:21a-c, TAB
   Jer 22:21d-g, NKJV
4. Ezra 9:7j, NKJV
   Josh 14:7c, KJV

      Mic 7:14g, NKJV
5. 2 Chron 18:13a, 15b, NKJV
   2 Chron 18:15c,e, RSV
   Ps 72:19c, NKJV
6. Sir 30:9-10, TEV
7. Jer 48:44a,c, NKJV
   Jer 48:44b,c, TLB
   Jer 48:44f, NKJV
   Jer 48:44e, TLB
   Jer 48:44h, NKJV
   Jer 48:44g, TLB
8. Pr 1:20a,d, KJV
   Pr 1:22a-c, NKJV
   Pr 1:31c, 22c, NASB
   Pr 1:22e,f, NKJV
   Pr 1:24a, 23a, NIV
   Pr 1:23a,b, NKJV
9. Pr 1:24b, NKJV
   Is 57:6j,g, NKJV
   Pr 1:24d, TAB
   Pr 1:24e, NKJV
   Pr 1:24f, TAB
   Pr 1:25, 26a, NKJV
10. Neh 4:12b, RSV
    Jb 40:23b, NKJV
    Pr 23:7e, TEV
    Zc 9:2d, NKJV
    Hos 2:18j, TAB
    Zc 13:6e, NKJV
11. Pr 1:27c, 28, 29, 31a, NKJV
12. Pr 1:33a, TLB
    Pr 1:33b, NKJV
    Pr 1:33c, NIV
13. Ec 10:18, NKJV
14. Pr 14:23, NKJV
15. Sir 33:5a, TEV
    Hab 1:11a, NAB
    Sir 33:5b, TEV
    Ec 7:6b, NKJV
16. Ps 12:2a, TEV
    Dan 7:25b, TAB
    Ps 12:2b,d, TAB
    Ps 12:2e, TLB
    Ps 12:2b,f, NKJV
    Ps 12:2e,g,b, NASB
    Ps 12:2b, RSV
17. Sir 22:12c, TEV
    Sir 33:6, TEV
18. Jb 12:25b, NAB
    Jb 12:25b, TEV

    Jb 12:25e, NAB
    Jb 6:18b, NKJV
19. Ps 144:8, NKJV
    Jon 4:11d, NKJV
    Pr 2:9b,c, NAB
    Pr 2:15b, TAB
20. Ps 4:2a,b,d, NKJV
21. Ps 94:8, NKJV
22. Jer 51:58d,g, NKJV
    Neh 4:21c, NKJV
23. Ezek 12:2a-d, NKJV
24. Num 24:13f, NIV
    Is 49:9c, KJV
    Ob 15b-d, NKJV
25. Dt 29:4b,c, NKJV
26. Bar 4:13, TEV
27. Hos 5:4a,c, NKJV
28. Zc 1:6e, NAB
    Dt 5:3e, KJV
    Zc 1:6f, NAB
29. Pr 7:6, NIV
    Pr 7:7a,c,d, NKJV
    Pr 7:8, 9, TEV
    Pr 7:10a, NASB
    Pr 7:10b,c, NAB
    Pr 7:10d, NASB
    1 Sam 4:5c, KJV
    Pr 7:10f,h, NASB
30. Pr 7:11a, NIV
    Pr 7:11b, 12, 13b,c,e, 15b-d, NASB
31. Pr 7:16-18, NASB
32. Pr 7:19a, NKJV
    Pr 7:19b,c, 20a, NASB
    Pr 7:20b, 21, 22a,b, NAB
    Pr 7:22c, TEV
    Pr 7:23b, NIV
    Pr 7:23d, NASB
33. Sir 25:23a, TEV
    Jb 39:16-17, NKJV
    Sir 25:23c,d, TEV
34. Hab 2:15, NIV
    1 Chron 15:29f, NKJV
    Num 24:21a, RSV
    Lv 5:18b, NIV
    Gn 43:9f,g, KJV
    2 Sam 22:35a, NKJV
    Dt 24:3g, KJV
    2 Chron 18:7e, KJV
35. Jb 16:16a, NKJV
    Lam 3:40, NKJV

Neh 9:21b, NKJV
Neh 12:47c, NKJV
Jb 8:9a, NAB
1 Sam 25:29c, NKJV

Three

1. Ec 5:3c, TLB
   Ec 5:3a, NIV
   Ec 5:3b,c, TEV
2. Sir 34:2, NAB
   Sir 34:7, TEV
   Ec 5:7a, NASB
   Ec 5:7c, NKJV
3. Dan 4:9d, NKJV
   Jb 27:12b, NKJV
4. Sus 48b,c,e, TEV
5. Ec 7:10a,b, NKJV
   Ec 7:10c, NIV
   Ec 7:10f, TAB
6. Pr 30:32a, NKJV
   Sir 20:3, TEV
7. Sir 20:4, TEV
8. Pr 26:7a,b, RSV
   Pr 26:7c, NASB
9. Sir 31:7, TEV
10. Jer 17:11a,b, NASB
11. Sir 21:8, TEV
12. Ec 9:1b-d, NASB
    Ec 9:1e,f, NAB
    Ec 9:2b, NASB
    Ec 9:2b, NAB
    Ec 9:2d, NASB
    Ec 9:2d,g-j, 3a-c, NAB
13. Hab 2:13b, RSV
    Is 49:7j, KJV
    Hab 2:13b,d,e,g, NKJV
14. Pr 23:29-32, NKJV
    Pr 23:33a, TLB
    Pr 23:33b, TEV
    Pr 23:34a, NIV
    Pr 23:34c,e, 35e,b,g,h, NKJV
    Pr 23:35f, NIV
    Pr 23:35f, TEV
15. Hab 2:5b,e,g,h, NKJV
    Amos 2:7c, NKJV
    Hab 2:5i,j, NKJV
16. Sir 25:12a, NAB
    Gn 33:5e, KJV
    Sir 25:12c,d, NAB

Sir 25:13c,e, TEV
17. Pr 28:19, NKJV
18. Pr 20:1, NKJV
19. Pr 12:26, NKJV
20. Pr 29:24a, NKJV
21. Amos 2:4g, NKJV
22. Pr 12:19a, KJV
    Pr 12:19b, NASB
23. Ps 37:21, NKJV
24. Ps 37:16, NKJV
25. Ps 127:2a, NKJV
    Ps 127:2b-d, NIV
26. Pr 4:18b,c, NKJV
27. Pr 4:19, NKJV
28. Ps 7:15a,b, NKJV
    Ps 9:15b, NKJV
    Ps 7:15c, NKJV
29. Ps 36:4a, NAB
    Ps 36:3b,c, NIV
30. Ps 81:15a, NKJV
    2 Chron 27:2e, NKJV
31. Es-G E:2, 3a, 4a, TEV
32. Ps 73:7, NKJV
33. Hos 4:7a,b, NKJV
34. Ec 10:1, NKJV
35. Hos 7:2a,c, NKJV
    Ezek 39:24b, TLB
    Ezek 39:24c,d, NKJV
36. Lv 18:24-26, NKJV
37. 2 Macc 4:16c, 17a, TEV

Four

1. Ezek 20:39b-e,g,i, NKJV
   Ezek 20:39h, KJV
   Ezek 20:39k, NKJV
2. Ezek 14:3b, NIV
   Ezek 14:3c, NKJV
3. 1 K 19:18a,b, NKJV
   Jer 23:16c,d, TAB
   Jer 23:27c, TLD
   1 K 19:18d, NKJV
   Gn 45:15d, TEV
4. Zc 10:2a,c, NKJV
   Zc 10:2b,c, NASB
   Zc 10:2e, TEV
   Zc 10:2e, NAB
   Zc 10:2g, TEV
   Zc 10:2e, NASB
   Zc 10:2i,k,l, TAB

5. Hos 12:1b,a, NASB
   Hos 12:1c, NKJV
   Hos 12:1d, TEV
6. Hos 8:7a,b, NKJV
7. Mic 6:14a-c, NKJV
8. Amos 2:6e,f, NKJV
9. Joel 3:3a,c-e, NKJV
10. Is 9:16a, KJV
    Is 42:24c,i, NIV
    Is 42:24f, KJV
    1 Sam 8:3b,c, TLB
11. 2 Chron 33:10b, 6c, 17b, 6e TEV
12. Ex 8:15b, 14b, 13c, KJV
    Ezek 20:11g,d, 12d, KJV
    2 Chron 21:19e, 17b, 20d,c, NKJV
13. Dan 4:17f,h, TAB
    Dan 4:17g, NKJV
    Dan 4:17g, TAB
14. Ps 62:4b-d, NKJV
    Amos 5:10b, NKJV
15. Num 7:3f, KJV
    Ps 36:2b, 4b,c, NKJV
16. Hab 3:17a, TLB
    Gn 8:21e, NASB
    Josh 7:5e, KJV
    1 K 4:34b, KJV
    Jer 23:10f, NAB
    Gn 8:22, TLB
    Ezek 16:62, NKJV
    Ezek 16:63a,d, NAB
    Ezek 6:11e, NKJV
    Pr 9:6d, 11c, RSV
    Ezek 16:63d, NKJV
17. Hos 4:1d, NKJV
    Hos 4:1b, 2b,c,e-h, TEV
18. Hab 2:8a,b, NKJV
    Ezek 20:35b, KJV
    Jer 23:15g, NAB
    Hab 2:8d,f-h, NKJV
    Dan 2:10c, TEV
19. Mic 6:12a, NASB
    Mic 6:12b, TEV
    Mic 6:12c,d, NASB
20. Mic 6:4a, NASB
    Jb 15:27a,b, NIV
    Pr 27:3b, KJV
    Dt 7:20b, KJV
    Ps 106:15c, NKJV
    Lam 1:19e, KJV
21. Pr 12:1c, NKJV
22. Nah 3:13a,b, NKJV
    Is 33:14b, KJV
    Nah 3:13b, TLB
23. Ec 5:13a, TLB
    Ec 5:13b, NASB
    Ec 5:13c, NIV
24. Amos 9:10b, KJV
    Hos 7:3, 4a,b, 6a,d, NKJV
25. Es-H 2:3f, NKJV
    Hos 3:2, NKJV
26. Jb 24:15a, NKJV
    Pr 30:19b, KJV
    Jb 24:15c, NKJV
27. Jb 24:15b,c, NAB
28. Jb 24:15e, 16a, NKJV
29. Is 34:14c, TEV
    Judith 9:2d, NAB
    Ezek 23:26b, NKJV
    Judith 9:2e,f, NAB
30. 2 K 4:27e, NKJV
    Gn 2:18c, KJV
    2 K 4:27g, NKJV
31. 1 K 8:38e, NKJV
32. Ps 74:20b, NKJV
33. Ezek 24:13a, NKJV
    Ezek 16:43b,d-g, NASB
34. Ezek 16:43i,j, NASB
35. Ezek 4:17d,c, 16e,d,f,g, 17b, NKJV
36. Is 54:16b, 15d, NKJV
    1 K 14:6f, NKJV
37. Neh 6:8e, NKJV
    Jer 14:14g, KJV
    Neh 6:8g, NKJV
38. Jb 40:8b, NKJV
39. Jb 13:4b,c, 5, NKJV
40. Amos 8:11a,b,d-g, 12, NKJV
41. Mic 7:6, NKJV
42. Pr 28:21a, NKJV
    Pr 28:21b, NAB
    Pr 28:21, TLB
43. 2 Es 9:15b, 16, TEV
44. Amos 2:7a, NKJV
45. Jer 50:4e, NKJV
    Ezra 3:13b, NKJV
    Nah 2:7e,f, NKJV
    Jer 50:4c,g, 5a,b, NKJV
46. Jer 50:5d, NKJV
47. 1 K 14:14c,d, NKJV
    Is 28:16g, 17a-c, NKJV
    Is 28:17d, TEV

      Is 28:17e, NASB
      Is 28:18a,b, NKJV
      Is 28:18c, TEV
48. Ps 97:10a,b, NKJV
      Lv 19:17b, NAB
      2 Sam 18:13b, KJV
49. Zp 3:13b, NKJV
50. Ezek 48:21h, NKJV
      1 Chron 26:16c, NKJV
      Ezek 48:21i, NKJV
      Ezek 6:9b, KJV
51. Jer 42:5f,c, KJV
      Jer 13:25a, KJV
      Jb 40:19b, NKJV
52. Hag 2:12f,g, NKJV
53. Mal 1:13a-c, NASB
      Mal 1:13d, TLB
      Mal 1:13a,d, RSV
54. Is 27:11d, NASB
      Ps 95:10c, NASB
      Is 27:11f,g, NASB
55. Jer 10:14a, NKJV
      Jer 10:14b, KJV
      Judges 21:3e, KJV
      Ex 35:31e, KJV
56. Jer 6:25c, NIV
      Jer 6:25d, NKJV
57. Is 29:21a,c, NASB
      Is 30:1g, NKJV
      Is 30:1e, TEV
58. Is 3:9a, NASB
      Is 3:9b, NIV
      Is 3:9c,d, NASB
      Is 3:9f, NIV
59. Is 3:8a, NASB
      Is 3:8b,c, NKJV
60. Is 1:11a,e,f,c, 12a,b, 13a, NKJV
      Is 1:13c-f, TEV
      Is 1:14b, NKJV
      Is 1:14c, NASB
61. Gn 6:5a, 11b,a, 5b,d, 6a,c,e, NKJV
62. Ex 16:28b, NKJV
63. Jer 32:23c, NKJV
      2 K 17:34d, 12b,c, NKJV
64. 2 K 17:33a,b, NKJV
65. 2 K 17:15c, NKJV
      2 K 17:15d, NASB
      2 K 17:15e, NIV
      2 K 17:12c, 15g, NIV
66. 2 K 17:17a-c, NKJV

      1 K 21:25b, NKJV
      2 K 17:17e, NKJV
67. 2 K 23:5b,e,g-i, NKJV
68. 1 K 21:20h, TEV
69. Jer 7:8b, NKJV
      Jer 7:8c,e, TAB
      Jer 7:9a,b, NKJV
      Jer 51:51e, KJV
      Ezek 23:48c,e, KJV
      2 Sam 12:10e, NKJV
      Jer 7:9d-f, NKJV
      Jer 7:10b,d, TAB
      Jer 7:10d,b,f, NASB
      Jer 7:10c, TLB
      Jer 7:10i,k, TAB
      Jer 7:10f,h,j, NIV
70. Jer 7:11a,c,e,f,h,i, NKJV
71. Amos 2:8, NKJV
72. 2 Chron 32:19, TEV

Five

1. Jb 32:10b,c, TEV
2. Ec 7:15b,c, NKJV
    Amos 8:14b,d, NKJV
3. Ec 9:11b,c, NIV
    Ec 9:11f, NASB
    Ec 9:11e, NIV
4. Ps 69:20d, NASB
    Ps 103:17b, TAB
    Ps 69:20e-g, NASB
5. Ec 10:19a, NKJV
    Ec 10:19b, RSV
    Ec 10:19c, NASB
6. Ec 6:10, 11a, NKJV
    Ec 6:11b, NAB
    Ec 6:12a,b, NKJV
7. Jb 32:10b,c, NKJV
8. Sir 10:12, TEV
9. Is 17:12a,b,d, NASB
10. Ws 15.8b, 7b, 8d, NAB
     Ws 15:7c, TEV
     Ws 15:9b-e, NAB
     Ws 15:10, 11, TEV
     Ws 15:12b, NAB
     Ws 15:12c,f,g, TEV
11. Mal 3:8a, NKJV
     Mal 3:8c, TEV
     Mal 3:8c-f, NKJV
12. Mal 3:7b-e, NKJV

Mal 3:8g, TEV
13. Mal 3:13a,b, TLB
14. Is 57:16b, KJV
    Ec 6:10c, TEV
    Ezra 4:11b, 6f, TAB
15. Ex 21:29b, RSV
    Jb 31:17, NASB
16. Is 64:8a, KJV
    Is 38:15b, KJV
    Mal 3:14b, NKJV
    Mal 3:14e,g,c,b, NIV
    Mal 3:14e, 16b, 14h, TLB
17. Mal 3:15a, NKJV
    Mal 3:15b, NASB
    Lam 4:2d, KJV
    Ps 47:9g, TAB
    Mal 3:15d, NASB
    Is 7:12d, 13a, KJV
    Mal 3:15f, NKJV
18. Ezek 16:49a,b,f,c,d,e, NKJV
19. Ps 12:8b,a, NKJV
    Mal 1:2d, 4h, NKJV
20. Sir 41:5, TEV
21. Jb 32:10b,c, NASB
22. Pr 23:27b,c, 28, NKJV
23. Sir 26:8, TEV
24. Lv 21:9a, NAB
    Lv 21:9b, TEV
25. Pr 19:13b, NKJV
    Pr 19:13c, RSV
26. Jb 6:12, NKJV
    1 Sam 8:20a, KJV
    Jb 30:21c, NKJV
    Ps 81:12b, TLB
    Jb 35:11, RSV
27. Jb 33:1a, TAB
    Sus 56d,e, TEV
28. Sir 42:10a-d,g,f,e, TEV
29. Sir 26:9, TEV
30. 1 K 11:1a, TLB
    1 K 11:1b-g, 2-3, 4a,c, TEV
31. Jer 16:20b, NIV
    Jer 17:9a, NIV
    Jer 17:9b, NKJV
    Jer 17:9c, NASB
32. Mic 3:11a,c, 12c,f, TEV
    Mic 3:11b-d, NKJV
    Mic 3:11d, KJV
    Mic 3:11f-i, NKJV
    Mic 3:11f, TLB

Mic 3:11k, TEV
33. Is 28:8a, 7b, NAB
    Is 28:7c,d, NKJV
    1 K 20:25b, NKJV
    Ezek 33:17d, KJV
    Is 28:7i, NKJV
    Is 28:7d, NAB
    Is 28:7k, NKJV
34. 1 K 22:23a-c, NKJV
35. Hos 4:9a,d, TLB
    1 K 1:36e, KJV
    Ezek 36:20f, KJV
36. Jer 6:13b, NKJV
    Jer 6:13a,c, TEV
    Jer 6:13d,e, 14a, NKJV
    Ec 12:4e, KJV
    Jer 6:14c, KJV
    Jer 6:14c-g, NKJV
37. Hos 4:8a, TLB
    Hos 4:8b, NIV
    Jb 15:16c, NKJV
    Hos 4:8a, TEV
38. Jer 11:15, NKJV
39. Jer 5:30-31, NKJV
40. Amos 5:12a,c, NKJV
    Amos 5:12d, TLB
    Amos 5:12b,c, 13a,c, NIV
    Nah 3:1c, NKJV
41. Is 57:20b-d, NKJV
    Is 48:22, NKJV
42. Pr 22:8a, RSV
43. Ws 17:11b, 12, 13, TEV
44. Ws 17:3a, NAB
    Ws 17:3d, TEV
    Ws 17:3b,c, NAB
    Ws 17:4a,b, TEV
    Ws 17:4c, NAB
    Ws 17:4c, TEV
45. Ws 17:5a,c, NAB
    Ws 17:5b, TEV
    Ws 17:5e, NAB
    Ws 17:5d, TEV
46. Ws 17:7-8, TEV
47. Sir 40:5a-e,g, 6a-c, TEV
    Ws 17:14b, TEV
    Sir 40:6e, TEV
    Ws 17:18-19, TEV
48. Sir 40:6g, 7a,b, TEV
    Sir 40:7c, NAB
49. Neh 6:11c, KJV

    Amos 1:11f,g, NKJV
50. Jb 10:17c, NKJV
    1 K 22:6f, NKJV
51. Pr 27:20a, NKJV
    2 Sam 19:13e,h, KJV
    Pr 27:20c, NKJV
    Judges 9:51c, KJV
    Pr 27:20e, NKJV
52. Hab 2:6d-g, 7a,c, NKJV
53. Is 29:8a-k, NKJV

Six

1. Jb 32:10b,c, TAB
2. Jer 29:11b, KJV
    Jb 13:12a, NKJV
    Jb 13:12b, TLB
    Jb 13:12c,b,e, NKJV
    Jb 13:12h,g, TAB
3. Ps 94:3c, NKJV
4. Ps 73:3, NIV
5. Ec 3:17a, NAB
    Hab 3:16f, KJV
    Jon 4:8h, NKJV
6. Ec 2:15a, NKJV
    1 Sam 10:3d, KJV
    Jon 4:3b,c, NKJV
7. Jb 38:2, NKJV
8. Dt 32:6a, NKJV
    Pr 5:6d, KJV
    Sir 11:16b, TEV
    Jb 5:13a, NKJV
9. Ps 10:2b, NKJV
10. Dan 4:37h,e,j, TLB
    Dan 4:37f, NASB
    Judges 19:24e,d, TAB
11. Jb 32:10b-d, RSV
12. Is 33:1a,b, NKJV
    Is 33:1d, NIV
    Is 33:1d-g, NKJV
    Is 33:1i, TAB
    Is 33:1h, NASB
    Is 33:1j, NIV
    Is 33:1k, TAB
    Is 33:1j, NASB
13. Mic 7:3b,e,d,f, NKJV
    Mic 7:3c,d, TLB
    Ps 37:14b, 12b, TLB
    Mic 7:3k, NKJV
14. Mic 7:2a,b, NKJV

15. Mic 7:4a,b, NKJV
16. Ps 109:5b,c, NKJV
17. Is 59:14c,d, 15a, NIV
    Is 59:15b, TEV
    Is 59:15c, NIV
    Is 59:15d, TEV
18. 1 Sam 3:1c, NKJV
    Ec 7:10e,c, TLB
    1 Sam 3:1e, NKJV
19. Jb 32:10, TLB
20. 2 Es 11:40b-e, 41, 42, TEV
21. Is 59:1-2, NKJV
22. Is 59:3a, NAB
    Is 59:3b, NKJV
    Is 59:3c, NAB
    Is 59:3b,d, TLB
    Is 59:3e, NKJV
23. Is 59:4a,b, TLB
    Zp 3:5f, KJV
    Is 59:4d, RSV
24. Is 59:4b,e, NASB
    Is 59:4f, NAB
25. Is 59:7c, 6c,d,f, NASB
26. Is 59:8a, NASB
    Is 59:8b,c, NIV
27. Is 59:9, 10a-d, NKJV
28. Is 59:11, 12a-e, NKJV
    Judges 7:11b, 10b, NKJV
29. Is 59:13, 14a,b, NKJV
30. Mic 3:4a,b,d, NKJV
31. Ps 74:23b, NKJV
32. 1 Sam 15:24b,c,e, NKJV
33. 2 Chron 12:14b,c, NKJV
34. Dan 12:2b-d,f,e,g, NKJV
35. Ps 10:13a, NKJV
    Josh 17:18g, KJV
    Ps 10:13c, NKJV
    Lam 2:18a, KJV
    Ps 10:13e, NKJV
36. Dan 5:20, TEV
37. 2 Macc 9:11c, TEV
38. Dan 4:36a, NKJV
    1 Sam 26:21b,g, NKJV
    Ezek 16:16c,d, NKJV
39. Jer 3:25a-f, NKJV
40. Ps 50:16b-d, NKJV
    Ps 50:16e,f, NAB
    Ps 50:17a, TLB
    Ps 50:17b, NKJV
    Ps 50:17c, TLB

41. Jer 7:28b,c, NKJV
    Jer 7:28e,d, TLB
    Jer 7:28e, NKJV
    Jer 7:28e, TEV
    Jer 7:28e, NASB
    Jer 7:28e, NIV
42. Is 28:15b, TLB
    Is 28:15c,d,g,h, NKJV
43. Ps 58:3c, 2d, 3a, NKJV
    Jb 15:35g,b,c,e, TAB
    Ps 58:3b, TEV
44. Mic 7:5a, TLB
    Mic 7:5a,c, TEV
    Mic 7:5g, TEV
    Mic 7:5d, 12b, NKJV
    Mic 7:5e, 9c, TEV
    Mic 7:5d, NIV
    Mic 7:5d, TEV
    Es-H 5:3b, NASB

Seven

1. Is 32:5, NAB
2. Is 32:6a, NIV
   Is 32:6d,c,b, NASB
   Is 32:6c-e, NKJV
3. Ps 94:4a,d,b,f, NKJV
4. Ps 10:3b,d, NAB
   Ps 10:5d,e, NKJV
5. Ps 10:6a,b, RSV
   Ps 10:6d, NIV
6. Ps 10:7a,c, NKJV
7. Ob 7b, NKJV
   Ob 7d, RSV
   Jer 50:24c, NKJV
8. Ps 58:1a,b, NKJV
   Ps 58:1a-d, TLB
   Ps 58:1c,d, NKJV
   Ps 58:2a,b, NIV
   Ps 58:3c,d, NAB
9. Jer 9:3d-f, 4a, NKJV
   Jer 9:5b, 4b,c, NIV
   Jer 9:3f, NAB
   Jer 9:5c, NIV
   Jer 9:5d,e, NKJV
10. Ps 10:7e, TAB
    Ps 10:8, NKJV
    Ps 10:9, TLB
11. Jer 9:8a, NIV
    Jer 9:8c, NKJV
    Jer 9:8d, NASB
12. Pr 26:18-19, NKJV
13. Ps 55:21a-c, NKJV
    Ps 55:21d, TEV
14. Ps 57:4a,c,d, NKJV
    Ps 57:4c,e, TLB
    Ps 55:21e, TLB
15. Jb 17:5a, NKJV
    Ps 28:3c,d, NKJV
16. Ps 140:1, NKJV
    Mic 3:9c, NKJV
17. Ps 140:3a,b, 2b,a, NKJV
18. Mic 2:1, NASB
19. Ps 17:10a, NKJV
    Ps 17:10b,c, TAB
20. Jer 6:16a-g, NKJV
    Jer 6:16h, TLB
    Neh 12:40b, KJV
21. Is 28:12b,d,e, NKJV
22. Is 29:11-12, NKJV
23. Is 29:13a,c-e, NASB
24. Neh 9:26b,d,e, RSV
25. Jb 20:19a,c, NKJV
    Jb 20:19b, NIV
26. Pr 11:16b, NKJV
27. Sir 13:4, 6, 7, TEV
28. Jb 20:12, 14, 15, NKJV
29. Hos 12:7b,c, NKJV
30. Sir 26:29, TEV
31. Sir 27:2, TEV
32. Pr 28:8a, NKJV
    Pr 22:16c, NKJV
    Pr 22:16b, TEV
    Pr 22:16d, NKJV
    Pr 17:23, NKJV
33. Mic 6:10a, TAB
    Mic 6:10b, TLB
34. Sir 14:3-9, TEV
35. Pr 21:13, NKJV
36. Ps 73:12, NKJV
    Zp 1:12d,b,f-h,j, NKJV
37. 2 Chron 18:7b,d, NKJV
    2 Chron 24:6e, NKJV
    Num 30:16d, KJV
    2 Chron 24:7b, NKJV
    Ex 38:8c, NKJV
    2 Chron 30:18c, KJV
    Num 15:22c, KJV
    2 K 17:6c, KJV
    Judges 18:10e, KJV

Dt 4:10c, KJV
Is 41:6c,e, 7c, NKJV
2 Macc 1:34b, 36f, 35d, 36b, TEV
2 Chron 24:6h, NKJV
2 Macc 1:35a, TEV
Es-H 2:20b, NKJV
2 Chron 31:18a,c, NKJV

Prophecy

One

1. Hag 1:13a-c, NKJV
2. Hag 1:13e,f, NKJV
3. Josh 8:34b, KJV
   Neh 8:8b, NKJV
   Neh 8:8c, NASB
   1 K 17:15c, TAB
   Neh 8:8e,f, NKJV
4. Neh 8:2g,b,e,h, NKJV
   Jb 29:21b,d, 22a,c, NKJV
5. Is 58:1, 2a-e, NASB
   Is 58:2f, NIV
   Ezek 38:20f, NKJV
6. Is 58:3a-e, NIV
7. Zc 7:5c,e,f, NKJV
   Zc 7:6, NIV
8. Is 58:3f-h, 4a,b, NKJV
9. Mal 2:13, NKJV
10. Is 58:5a-d, NASB
11. Is 58:6a,b, NASB
    Is 58:6c, NKJV
    Is 58:6d, NASB
12. Is 58:7a,b, RSV
    Is 58:7c, NAB
    Is 58:7e, NKJV
13. Is 58:8a,b,e,c, NKJV
    Is 58:8f,h,j, TLB
    Is 58:9a,b, NKJV
    Is 58:9b, TLB
    Is 58:9d,f,g, NKJV
14. Is 48:18, NKJV
15. Is 2:7a,b, 8, NKJV
16. Let 73, TEV
17. Hab 1:12a-c,e, TLB
    Lam 3:31b, NKJV
    Lam 1:18b, NKJV
18. Ps 64:6c, NKJV
    Is 30:18b, NKJV
    Pr 14:22c, 29b, 22e, NIV
    Is 30:18c,d,g, NKJV
19. Dan 7:14c, 18b, RSV
20. Ezek 36:26a, NKJV
    Ezek 36:26d, TLB
    Ezek 36:26c,e, NKJV
    Ezek 36:27a, NKJV
    Ezek 36:27b, TLB
21. Hos 13:10a, NKJV
22. 2 Chron 20:20f-i, NKJV
23. Zc 8:4b, NKJV
    Zc 8:4d, 5, TEV
24. Jer 33:6, NKJV
25. Zp 3:12b,a,c, NKJV
    Zp 3:12b, TEV
    Zp 3:13d,f, NKJV
26. Ps 25:12a, NKJV
    Ps 25:12b, TEV
    Ps 25:12c, NASB
    Ps 25:13a, KJV
    Ps 25:13b,c, NKJV
27. Ps 25:14a,d,f,j, TAB
    Ps 25:14b, NASB
    Ps 25:14h,i, TAB
28. Ps 37:19c, NKJV
29. Ps 31:19a-c, NKJV
30. Dan 12:10e,h, NASB
    Dan 12:10f, NKJV
31. Jer 29:11, NKJV
32. Is 58:9f,h,i, NASB
    Is 58:10a, NKJV
    Is 58:10b, TEV
    Is 58:10c,d, NASB
33. Is 58:11a,b, NASB
    Is 58:11c, NKJV
    Is 58:11e,b,h, TEV
34. Pr 28:26a, TEV
    Pr 28:26c, NKJV
    Pr 28:26c, TEV
    Pr 28:26d, NKJV
    Pr 28:26c, NIV
    Ps 18:3d, NIV
    Dt 26:7d, TEV
35. Pr 29:25, NKJV
36. Is 8:12a-d, 13, NKJV
37. Pr 29:26a, NKJV
    Pr 29:26b, TAB
38. Dt 30:11b, TLB
    Dt 32:21d, KJV
    Dt 30:11c,e, NKJV
    Dt 30:11b,d, 12a, 13a,b, NAB
    Dt 30:13c, TEV
    Dt 30:14, NKJV
39. Dt 30:15, NKJV
    Dt 30:16a-c, TLB

Two

1. Ex 19:5b,d, 6a, NKJV
2. Num 11:29c,d, NKJV
3. Is 28:9-10, NKJV
4. Ezek 2:8a-d,f, NKJV
5. Ps 77:6b, NASB
   Ps 77:6c, NKJV
6. Ps 42:2a, NKJV
   Ps 119:145b, NKJV
   Ps 84:2e, NKJV
   Is 49:10e,b, TAB
   Ps 42:3b,c, NAB
7. Ps 25:4, 5a,c,d, NKJV
8. Ps 141:5a-c, NKJV
   Ps 56:13c, NKJV
9. 2 Es 4:4b, TEV
10. Ps 119:103, NKJV
    Ps 18:28a,b, NKJV
    Is 28:29b, NKJV
    Ps 18:28c, NKJV
11. Hab 2:1a,d, NKJV
    Hab 2:1b, TEV
    Hab 2:1f,g, NKJV
12. 1 Sam 12:20b,c, RSV
    Ps 74:3c, KJV
    2 Chron 6:36b, NKJV
    1 Sam 12:20d,e, NKJV
13. 1 Sam 12:21a,d,e, NKJV
14. Is 41:28a-f,h,j, 29a,c,d, NKJV
15. Hab 2:18a,d,b,e, NKJV
16. Hab 2:19, NKJV
17. Jer 51:17c,d, 18, 19, NKJV
18. Jer 51:15, NKJV
19. Is 46:5, NKJV
20. Pr 23:1b, TLB
    Zc 13:3d, NASB
    Zc 13:3g, NIV
    Jb 42:8h, NKJV
    Jb 42:8e, TEV
21. Is 43:24d, NASB
    Mal 2:17b,e,f, NKJV
    Mal 2:17g,m, TAB
22. Judges 18:14b, NASB
    Mal 2:17g, TLB
23. Pr 28:2d,f,g, NKJV
    1 Sam 12:25a,b, NKJV
24. Mal 2:7b, NASB
    Mal 2:7c, NKJV
    Mal 2:7d,e, NASB
25. Mal 2:8a,b,d, NKJV
26. Hos 7:1d, NKJV
27. Jer 5:12a, NKJV
28. Hos 11:12a, NKJV
    Hos 11:12d,b,e, NIV
29. Ezek 21:24a, 2c, NKJV
30. Jer 23:16b, NKJV
    Mic 3:5b,d-f, NKJV
    Mic 3:5c,d, RSV
    Jer 14:12c, TEV
    Hos 4:16c, KJV
    Is 48:1e-g, NKJV
    Jer 23:16e, TAB
    Jer 23:16d, NAB
    Jer 23:16i, TAB
    Jer 23:16d-f, NKJV
31. Jer 9:6a, NIV
32. Jer 9:6a, RSV
    Jer 9:5a, NAB
    Jer 9:6c, RSV
    Jer 9:6d,e, NKJV
33. Dan 2:28a, NKJV
34. 2 Sam 14:20c, NKJV
    Dan 3:17c, NKJV
    Gn 15:5d, NKJV
    2 Sam 14:20d, NKJV
35. Amos 3:7a,b, NKJV
    1 Sam 21:4e, TAB
    Amos 3:7c, NKJV
    Dan 2:47g, KJV
    Amos 3:7e, NKJV
36. Is 45:19a-c, NKJV
    Is 45:19d, TEV
    Is 45:19e, NKJV
    Is 45:19f-h, TEV
37. Ps 81:8, NKJV

Three

1. Ezek 28:21a, NIV
   Mal 1:5a,b, NKJV
   Is 36:6g, NASB
   Ezek 22:12c, RSV
   Is 3:12b, NKJV
   Is 3:12b, TEV
   Is 3:12d,f,g, NKJV
2. Ezek 21:17b, 28g, TEV
   Is 8:18b,d,e,g, NKJV
   Ps 78:1d, NKJV
   Judges 6:39d, KJV

Ps 78:2b, NIV
Ps 78:2c, NKJV
Ps 78:2e, NIV
Ps 78:3a,d, NKJV
Ps 78:4a, TLB
Ps 78:4b, NASB
Jb 6:10f, NKJV
3. Ezek 21:28d, TLB
Dt 3:20b, KJV
Neh 9:20a, NKJV
Jb 33:14a,b, NKJV
Is 65:16b,c, NASB
Ps 12:3, NKJV
4. Dan 7:28d, RSV
Dan 7:28e, NASB
2 Es 3:1f,g, TEV
5. Ezek 16:6c, KJV
Dan 7:28g, NASB
Sir 20:5, TEV
6. Neh 5:7a, RSV
2 Chron 25:11b, TEV
1 K 20:40f, KJV
Neh 5:7b, RSV
7. Neh 5:9b,c, TAB
8. Neh 5:8f,g, RSV
9. Ob 4a, 3a, NKJV
10. Ezek 28:2j,k, NKJV
Jer 48:29a,e, NKJV
Ezek 28:5c, RSV
Ezek 28:5d, NKJV
11. Jer 48:30a, NASB
Num 1:17b, KJV
Pr 1:27a, KJV
Jer 48:30c, RSV
Jer 48:30d, NKJV
12. Ezek 28:16a,b, NKJV
Hab 2:10d, NKJV
13. Ezek 27:3f,g, NKJV
14. Jer 50:31a-d, NKJV
15. Pr 11:22, NKJV
Pr 10:26b, NKJV
Pr 28:11d,a,f, TEV
Jer 44:10b, TEV
16. Dan 7:25a, NKJV
1 Chron 10:13d, 14a, NKJV
Dan 7:25b, NKJV
Dan 7:25c,d, NASB
Dan 7:25f, NKJV
17. Is 44:24a,d, NKJV
Dan 5:27b,c, NKJV
18. Is 44:24g,f,h,i,k, 25a, NKJV
Is 44:25b, NIV
19. Ps 33:14, 15, NKJV
1 K 8:39d, NKJV
20. 1 K 8:39f-h, NKJV
21. Jer 4:14, NKJV
22. Neh 9:30c, NKJV
2 Chron 36:16b, NKJV
2 Chron 36:16c, TEV
2 Chron 36:16d, TLB
2 Chron 36:16e, NKJV
2 Chron 36:16f,j, TLB
2 Chron 36:16h, NKJV
2 Chron 36:16g, TLB
23. Jb 21:2a, 3, NKJV
Jb 13:13a, TEV
Jb 13:13c,d,f,h, NKJV
24. Dan 12:4e,f, NKJV
Is 13:7a, TEV
Jb 41:24b, NKJV
Jb 15:5, 6a,b, NKJV
25. Ps 141:10a, 5f, NKJV
Hos 7:7e, NKJV
26. Is 3:5a, RSV
Is 3:5a, TEV
27. Pr 28:28a, NKJV
Pr 28:28b, NIV
Pr 22:3a, NKJV
28. Pr 25:19a, NKJV
Pr 25:19e,c,a, NIV
Pr 25:19d, NKJV
Ps 118:8, 9, NKJV
29. Is 54:1, NKJV
30. Is 5:21a, 23, NKJV
31. Mic 7:4d, NKJV
Ezek 7:19a,b,d, NKJV
Dan 11:45b,c, NKJV
Ezek 7:19f,g,c,i, NKJV
32. Dan 8:17d,e, NKJV
Ezek 38:7a, NKJV
Jer 49:31, NKJV
Ezek 2:6e, NKJV
33. Jer 4:19a-e, NKJV
Jer 6:11b, NKJV
34. Jer 6:10a-e, NKJV
Jer 6:10c, TLB
Jer 6:10g,h, NKJV
35. 2 Es 7:60b,c, 61, TEV
36. Ezek 21:6, 7a-d, NKJV
Jb 24:13, NKJV

Amos 2:7a,e, NKJV
37. Ps 55:6, 9d, 11b, NKJV
38. Ezek 39:26c,d, NKJV
39. Hos 13:6, 2a, NKJV

Four

1. Mal 1:6a-g, NKJV
2. Mal 1:6k, NKJV
3. Ezek 16:47, NKJV
4. Ezek 16:31a,c,d, 32, 33a-c, 34a,c, NKJV
5. Ezek 16:30, NKJV
6. Amos 5:21, 23, 22b, NKJV
7. Pr 15:8a, 9b, TLB
   Is 51:1c,e, TAB
   Pr 15:9c, NIV
8. Jer 18:11h, NIV
   Jer 18:11e, TLB
   Jer 18:11i,l,j, NASB
9. Jer 18:12a, TLB
   Jer 18:12b, NKJV
   Jer 18:12b,c,e-g, TLB
10. Is 30:8a,b,d-g, 9, 10a-e, NKJV
    Is 30:10f, TLB
    Is 30:10d,e, TEV
    Is 30:10e, TLB
    Is 30:11a-c,e, NKJV
11. Is 30:12b-d,g,f, NKJV
    Is 30:14a, TEV
    Is 30:14b,c, 13c,d, NKJV
12. Jer 8:5a,c,d,h-l, NKJV
13. Jer 8:14a, NIV
    Jer 23:9e, 14b-e, NKJV
14. Jer 5:7a, NKJV
    Mic 6:11, NKJV
    Jer 5:7c-e, NKJV
15. Jer 5:8, NKJV
    Pr 11:6c, NIV
    Pr 11:6d, NKJV
    Jer 5:9, NKJV
16. Is 5.18, NKJV
    Hab 3:13d, 14d, NKJV
17. Jer 4:22, NKJV
18. Ezek 14:5c, NKJV
    Jer 13:25e, TAB
19. Ws 16:29b, NAB
    Ws 16:29c,e, TEV
    Ws 16:29d,e, NAB
20. Ezek 6:9c,d, NKJV
    Josh 6:17c, NIV
    Ezek 6:9f, NKJV
21. Hab 2:9a,b, NKJV
22. Ezek 22:13c, NKJV
23. Mic 6:12c, TEV
    2 Sam 6:19c, NAB
24. Nah 3:19a,b,d, NKJV
25. Mal 1:8b,d, NKJV
26. Hos 7:14a, NKJV
27. Zc 12:12a,b, NKJV
28. Nah 2:10f, NKJV
    Hos 9:4b, NKJV
29. Mal 2:2i, NKJV
    Is 63:10a, NKJV
30. Ezek 20:32, NKJV
31. Is 46:6, 7e,f, NKJV
32. Hos 8:4e, 6b,c, NKJV
33. 2 Chron 24:19d, NKJV
    Zc 7:11b-d, NKJV
    Zc 7:12a, NASB
    Zc 7:12b, NIV
34. Jer 9:1a-d, 2c-f, 3a,b, NKJV
35. Mic 4:12b,c, NKJV
36. Amos 6:12a, NKJV
    Amos 6:12c, NAB
    Jon 4:10c, NKJV
    Amos 5:7a, NKJV
    Jon 4:10d,f, TAB
    Amos 6:12e, NKJV
    Jer 51:6c, NIV
    Amos 6:12f,d, NASB
    Amos 5:7b,d, NKJV
    Amos 5:7e, TAB
    Amos 5:11b, NASB
37. Hab 2:12, NKJV
38. Dan 8:25a,c, NKJV
39. Dan 8:12d,e, NKJV
40. 2 K 21:6a,b, TLB
    2 K 21:6c, TEV
    2 K 21:6e, TLB
41. 2 K 21:6f, TLB
42. Is 50:1e, NKJV
43. Ps 99:8c, NKJV
44. Hag 1:9a-g, NKJV
    Hag 1:9i,j, NIV
45. Is 41:1a,b, NASB
    Is 49:4c, NKJV
    Is 41:1f, NASB
    Is 41:1d,e, RSV
    Is 41:1c, NASB

Five

1. Hag 1:5a,b,d, 6a-f,h-k, NKJV
   Hag 1:7a,b,e,f, TAB
2. Is 52:3b,c, NKJV
3. 2 Es 8:6, 7a,b, 8a,b,d,g,i, 9b, 10, TEV
4. Jer 12:1a-d, NKJV
   Jer 12:1e, NIV
   Jer 12:1f,g, 2, NKJV
5. Ezra 9:13c, NKJV
6. Ezra 9:6f, NKJV
   Jb 24:12c, NKJV
   Jb 24:12d, NIV
7. Ps 103:8a, NKJV
   Is 48:1h, TAB
   Ps 103:8b,c, NKJV
   Ps 130:4b, NASB
8. Pr 24:12g, NKJV
9. Jer 17:10a-d,f, NKJV
   Jer 17:10c, TLB
   Jer 17:10e, TEV
   Jer 17:10h, NKJV
10. 2 Es 7:25d, TEV
11. Ps 119:76a-c, NKJV
12. 2 Chron 6:19d, NASB
13. Jb 30:31b,c, NASB
    Jb 19:21d, 19c, NKJV
14. Jb 16:10, NKJV
15. Jb 12:4a,e, NKJV
16. Nah 3:7e, NKJV
17. Ps 142:4b,d, NKJV
18. Ps 119:88a, NKJV
19. Ps 31:10a,b, NKJV
20. Ps 38:9d, 10, 11a, NKJV
21. Ps 77:4b, NKJV
22. Ps 40:9a, 10c,a, NKJV
23. Ps 51:12c, NKJV
24. Ps 132:3-4, NKJV
25. Ezra 10:6d, NKJV
    1 Sam 19:24a,c, NKJV
26. Jer 26:19b, NKJV
    Ps 22:6, NASB
    Ps 22:7a, NKJV
    Ps 22:7b, TAB
    Ps 22:7c, NIV
    Ps 22:7b, TEV
27. Ps 22:8, TEV
28. Ps 119:125a,b,e, TAB
29. Jer 15:18a,b, NKJV
    Jer 15:18c,d, NASB
30. Jer 15:16a-c, 17c,d, NKJV
31. Ps 69:7b, TAB
    Ps 69:9a, NKJV
32. Jer 20:14-16, 17a,b, NKJV
33. Jer 20:18, NKJV
34. Jb 10:18-19, NKJV
35. Jb 10:20-22, NKJV
36. Jer 15:10, NKJV
37. 1 Macc 2:13, TEV
38. Jb 32:20a-c, 21, 22a, NKJV
39. Jb 32:18b,c, 19, NKJV
40. Is 63:15, NKJV
41. Is 63:16a,e,g, NKJV
42. Is 64:4d, KJV
    Is 63:17b, NKJV
    Is 63:17e, TAB
43. Neh 9:34a-d, NKJV
44. Joel 1:12g, NKJV
45. Ps 19:12, 13a-c, NKJV
46. 1 K 21:5c, NKJV
47. 2 K 20:5d-f, NKJV
48. 1 Sam 8:7d-f, NKJV
49. Ezek 33:30b-d,f-h, 31a, NASB
    1 K 22:5b, NKJV
    Ezek 33:31b,c, RSV
50. Ezek 33:31d, NAB
    Ezek 33:31f,g, NASB
    Ezek 33:31f, NAB
    Ezek 33:31h, NKJV
51. Ezek 33:32a, NKJV
    Ezek 33:32c-e, TAB
    Ezek 33:32a, TEV
    Ezek 33:32c,d, NKJV
52. Ezek 33:11c,a, KJV
    Amos 2:13a,b, NKJV
    Amos 2:13c, NASB
    Amos 2:13d, TEV
    Ps 59:12a,c, NKJV
53. Amos 5:18a-c,e,f, 19a,b, NASB
    Amos 5:19c,d, RSV
54. Zp 2:1b,a,d, 3a, NKJV
    Zp 2:3b, TEV
    Zp 2:3c,d, NKJV
    Zp 2:3e, TEV
    Zp 2:3f,g, NKJV
55. Hos 11:8g,h, NKJV
    Ezek 29:2a, NIV
    2 K 22:19a,b, NKJV
56. Jer 30:11f,g, NKJV
57. Ps 115:16c, TLB

   Ps 115:16e, NKJV
58. 2 Es 10:9-10, TEV
59. 2 Es 10:11a,b,d,e, TEV
   Ec 5:17c, KJV
60. Dan 9:19c,d, NKJV
61. Az 16b, TEV
62. Lam 5:21a,b, 22a, NKJV
63. 2 Chron 6:38b, NKJV
   Is 45:8a,c,d, NKJV
   Is 45:8d, TLB
   Is 48:18e,h,f, TAB
   Is 32:15b, KJV
64. 1 Sam 26:21f, RSV
   Ps 147:11c, TAB
   2 Chron 1:12g, 6d, RSV
   Is 45:8i-k, NKJV

Six

1. Hab 1:1, 2e, NKJV
2. 1 Sam 15:1e, NKJV
3. Is 5:8a,b, NKJV
4. 2 Es 16:47b-d, 48a,c,e, TEV
5. Is 3:14c, 15a, NKJV
6. Zc 11:4a, TEV
   Zc 11:4b, NKJV
   Zc 11:4c, 5, NASB
7. Zc 11:6b,c,e-h, RSV
8. Zc 11:7a,c-f, NKJV
   Zc 11:7f, TLB
9. Zc 11:8a,c,d, NKJV
   Zc 11:12d, 8b,c, NIV
10. Zc 11:9, NKJV
11. Zc 11:10, 11a-d, NKJV
   Zc 11:11e, TEV
12. Zc 11:12a-e, NKJV
13. Zc 11:12f, NKJV
14. Zc 11:13a-c, NKJV
   Zc 11:13e, TEV
15. Zc 11:13e, NKJV
16. Zc 11:14, NKJV
17. Zc 11:15, NKJV
   Zc 11:16a-d, NASB
   Zc 11:16e, RSV
   Zc 11:16e,f, NIV
   Zc 11:16f, NKJV
18. Zc 11:17a, NKJV
   Zc 11:17b, TLB
   Zc 11:17b, 12b, TEV
19. Ps 49:5, 6, 7a,b, NKJV

20. Hab 1:12b,e, 14, 15, NASB
21. Hab 1:16b,c, NASB
   Hab 1:16e, NKJV
   Hab 1:16f, NASB
   Hab 1:16g, NKJV
   Hab 1:16h, NASB
22. Neh 10:37i, 39d, NKJV
   Zp 1:5a, NKJV
   Zp 1:5b, TLB
   Zp 1:5c, TEV
   Zp 1:5e, NKJV
   Zp 1:5d-f, TLB
   Zp 1:5c, NKJV
23. Is 57:6d, NIV
   Zp 1:6b,c, TLB
   Zp 1:5h, TEV
   Zp 1:5h, NKJV
   Is 28:7b, KJV
   Mal 2:11f, RSV
   Zp 1:6b,d, NAB
   Zp 1:6b,d, RSV
24. Joel 3:14a,b, NASB
25. Mal 1:2a, NKJV
   Mal 1:2a, TEV
26. Mal 1:2c,d, NKJV
27. Is 40:27c,d,g,a,h,m,j,k, NKJV
   Dt 33:29e, KJV
28. Is 40:28a,b, NKJV
   Is 40:28c, NAB
   Is 40:28e-g, 29, NKJV
29. Is 40:30a,b, NKJV
   Is 40:30c, 31a,b,d, NASB
   Is 40:31b,e, NAB
   Is 40:31f, NASB
   Is 40:31h, NKJV
30. Dan 6:10e-g, NKJV
31. Ps 69:29a, NKJV
   Ps 49:8a, NKJV
   Ps 49:9, NASB
32. Dt 24:5f, KJV
   Num 9:13e,b,f, KJV
   Gn 6:3b,e, NKJV
   Nah 1:15g, KJV
   Gn 6:3f, NKJV
33. Ezek 9:4b, TEV
   Ezek 9:4e, NKJV
34. Is 52:13a,b, NKJV
   Is 52:13c, NAB
   Is 52:14-15, NKJV
35. Is 53:1, TLB

Is 53:2a,c-g, 3, NKJV
Is 53:3d, TEV
36. Is 53:4a,b,d,e, 5a-d, NKJV
Is 53:5e, TEV
Is 53:5f, NKJV
37. Is 53:6, NKJV
38. Is 53:7a, NKJV
Is 53:7b, NAB
Is 53:7c,d,f, NKJV
2 Sam 19:14e,a, NAB
Is 53:7g, NIV
39. Is 53:8a-c, NKJV
Is 53:8f, NAB
Is 53:8e, NKJV
Is 53:9a, RSV
Is 53:9c, NKJV
40. Is 53:9b, NAB
Is 53:10a, NKJV
41. Is 53:10c,d,f, 11a,b, NKJV
42. Is 53:11c,d, 12a, NKJV
Is 53:12c, NIV
43. Is 53:12d,f, NKJV
44. 1 Chron 21:16b, 27, NKJV
45. Dan 9:26b,d,e, NKJV
46. Hab 2:11b,c, NKJV
Hab 2:11c, TEV
Hab 2:11e, NKJV
47. Ps 118:22, NKJV
Ps 118:23a, TEV
48. Jer 31:21e,f, 22a-c,e, NKJV
49. Is 4:1a,b, NKJV
Ps 51:5, NKJV
Is 4:1c-e, NKJV
Is 4:1e, NIV
50. Is 40:21c,d, 22, 23, NKJV
51. Ezek 38:19b, KJV
Dan 4:35a,b,d-f, NKJV
52. Jer 17:5a-c, NKJV
Jer 17:5d, TEV
Jer 17:6a,b,d, NKJV
Jer 17:6c, NIV
53. 1 Chron 21:13c-e, NKJV
54. Ps 86:5a, 2d, 5c-e, NKJV
55. Ps 139:17-18, NKJV
56. Dan 2:22, NKJV
57. Ps 116:6-7, NKJV
58. Ps 66:16, NKJV
59. Tb 13:6, TEV
60. Sir 2:6, TEV
61. Sir 21:6, TEV

62. 1 Sam 2:9a, NKJV
63. Nah 1:7, NKJV
64. Jb 9:2a, 3b, TEV
Jb 9:2c, NKJV
Jb 9:2e, TLB
65. Mal 2:17h, NKJV
66. 2 K 18:19e, NKJV
67. 1 K 19:11b,c, NKJV
68. 1 K 19:11d-f,h-j, 12a,b, NKJV
69. Jer 35:15b-d, NASB
Jer 35:15d, RSV
Jer 35:15b, TLB
Jer 35:15f,g, RSV
70. Ps 82:3a,b, NKJV
Jer 29:13, NKJV
71. Jer 36:3e,c, NKJV

Seven

1. 2 Es 16:61, 62a, TEV
2. Ps 32:9, NKJV
3. Is 51:6, NKJV
4. Pr 9:4c,a, RSV
Pr 8:5b, TAB
Pr 9:4b, RSV
Pr 9:5-6, NKJV
5. Ws 1:7, TEV
6. Ws 1:6a,b, TEV
Ws 1:6c, NAB
Ws 1:6d, TEV
Ws 1:6e, NAB
Ws 1:6f, TEV
7. Jer 23:23a,b, NKJV
Jer 23:23c, NIV
Jer 23:24a,b,d, NKJV
8. Is 65:24, NKJV
9. Is 45:24b-d, NKJV
10. Is 30:1a,c-f, NKJV
11. Ps 15:1b,e, 2, 3a, NIV
Pr 15:3b, NKJV
Pr 15:3a,d,c, RSV
Ps 15:3c, NAB
12. Ps 15:5c, NKJV
Mic 5:5a, NKJV
13. Is 52:7a-d, NKJV
14. Ps 45:4b-d, NKJV
15. Is 8:16, NKJV
16. Pr 15:2a, NKJV
Is 8:20, NKJV
17. Is 8:21, 22a-c, NKJV

Is 8:22e, NKJV
18. Pr 29:18a, NIV
    Pr 29:18b, NAB
    Pr 29:18c,d, NIV
19. Jer 16:1-2, NKJV
20. Jb 2:3g,h, NIV
21. Jb 19:26b-d, NKJV
22. Pr 21:19, 9a, NKJV
    Pr 21:9d,e, TAB
23. Ezek 23:1, 2a, NASB
    Sir 16:3c, TEV
24. Is 65:1, NKJV
25. 2 Es 2:11, TEV
    2 Es 1:37a,b,f, TEV
26. Is 65:2, NKJV
    Is 65:3a, NASB
27. Ezek 12:3e,g, NKJV
    Ezek 12:3g, 1c,a, TLB
28. Mal 4:2c,b, NKJV
    Is 25:8c, NKJV
    Zc 9:10c, NKJV
29. Hos 14:4a,b, NKJV
30. Jb 37:6b, 12d, 13e, NKJV
31. Ps 45:6d, NKJV
32. Ps 19:1-3, 4a,b, NKJV
    2 Chron 6:33c, NKJV
33. Is 42:9, NIV
34. 2 Es 14:25b-d, 26a-d, TEV
35. Ps 45:1, NKJV
36. 1 K 22:28e,f, NKJV
37. Is 32:1, NKJV
38. 1 Chron 22:9f,d,j, NKJV
    Is 33:21b,d, KJV
    1 Chron 22:9h, NKJV
39. Is 32:2-3, NKJV
40. Is 32:4, NKJV
41. 2 Chron 31:1k, NKJV
    Ex 32:30e, KJV
    2 Chron 31:1l, NKJV
    Gn 22:3h, KJV
    2 Chron 31:1m, NKJV
42. Mic 4:4b,c, NKJV
    Is 41:20, NKJV
43. Is 54:5d, NKJV
    Is 56:7b,f, NKJV
44. Ps 94:9, NAB
45. Ps 94:10a,c,b, NKJV
    Lv 5:18e, NKJV
46. Is 45:11d,e, 12a,b, NKJV
    Gn 1:26c, TEV
Is 45:12d-g, NKJV
47. Is 45:13, NKJV

Eight

1. 2 Es 8:24-25, TEV
2. 2 Es 7:119, 123-124, TEV
3. Hab 2:2a,c,d, NKJV
   Hab 2:2e, NASB
   Hab 1:8b,g, NASB
   Hab 2:3c, NASB
4. Ps 111:4b, NKJV
   Mic 4:2e,f, NKJV
   Mic 5:4a, NKJV
   Is 32:15a, NKJV
5. Hos 2:16a,b,d-g, NKJV
6. Hos 2:18a-c, NKJV
   Jer 32:5c,e, KJV
   2 Chron 15:19b, NASB
   Hos 2:18d,e, NKJV
   Is 32:18b-d, NKJV
   Josh 14:7c, KJV
   Is 1:26b, TEV
   Ezek 28:13b,c, NKJV
7. Is 32:16-17, NKJV
8. Ps 22:27a, NKJV
9. Zc 14:9a,c,d, NKJV
   Ps 22:28b,c, NKJV
10. Ps 22:27b, NKJV
    Hab 2:14a, NKJV
    Ps 19:1b, KJV
    Hab 2:14c, NKJV
11. Jer 6:19a,b, NKJV
    Is 32:20a, KJV
    Num 31:28d, KJV
    Ps 94:12b,c, 13a, NKJV
    Zc 10:1d, KJV
    Ps 94:13c, NKJV
    Ps 100:5, NKJV
12. Ec 11:8a, NKJV
    Is 9:17c, KJV
    1 K 3:23d, NKJV
    Ec 11:8c-e,g,i,j, NKJV
13. Ec 11:9a,c,b,d, NKJV
    Ec 11:9c, NIV
    Ec 11:9f-h,j,i,k, NKJV
    Num 16:17g, KJV
    Ec 11:10e, TLB
14. Ec 12:1, NKJV
    Ec 11:10b-d, NKJV

15. Jb 20:4a, NKJV
    Jb 20:4b, NIV
    Jb 20:5, NKJV
16. Ws 15:1, 3, TEV
17. Sir 39:22, TEV
18. 1 Sam 21:1c, 3b, TEV
    Hos 11:7b,a,c-e, 10b, NKJV
19. Hos 10:13a, NKJV
    Hos 10:13b, TEV
    Hos 10:13c-e, NKJV
20. Ps 52:3a,b, NKJV
    Ps 52:5c, NAB
21. Ps 50:18, 19a, 20, NKJV
22. Ps 64:3, TEV
23. Zp 3:7g, NKJV
    Josh 14:11b, KJV
    Zp 3:7f, RSV
    Zp 3:7j,i, NKJV
24. Ezek 21:29d, NAB
    Ezek 21:24f,c, 13e,c, NKJV
    Jer 42:22d, TEV
    Amos 8:7c, KJV
25. Jer 25:5b, NKJV
26. Zc 2:13, NKJV
27. Jer 4:3b,c, 4a,b, NKJV
28. Hos 10:12a,b,d,e, NKJV
    Hos 10:12k,i,m, TAB
29. Jer 4:1a,b,d, 2a,b, NKJV
    Jer 4:2d,e, RSV
30. Dan 4:27d, TAB
    Dan 4:27e, NKJV
    Jer 4:2b, NIV
    Dan 4:27g, TAB
31. Ezek 18:30e-g, NKJV
32. Ezek 18:31a, NAB
    Hos 14:7c, KJV
    Ezek 18:31c, NIV
33. Hos 5:15c, NKJV
34. 2 K 6:33e,f, NKJV
35. Jb 10:3a, NKJV
36. Is 54:11a-c, NKJV
    Ps 22:24b, NKJV
37. Jb 34:14b, 15a, NKJV
    Jb 34:15d,b,f, NIV
38. Jb 9:12c,d, NKJV
39. Is 40:17, NKJV
40. Is 45:9a,c-e, NKJV
    Josh 6:22d, NKJV
    Is 45:9g, NKJV
41. Is 29:15-16, NKJV

42. Is 40:13a, TEV
    Is 40:13, TLB
    Is 40:14, RSV
43. Ezek 33:12b,c, NKJV
    Ezek 33:2b, TLB
    Ezek 33:12e-i, NKJV
44. Ezek 33:13, NKJV
45. Ezek 33:14a-d, NKJV
    Ezek 33:15a, TLB
    Ezek 33:15d, NKJV
46. Ezek 33:16a-c, NASB
    Jer 13:12d, KJV
    Lv 17:14c,e, NASB
47. Ezek 33:17, NKJV
48. Ezek 33:18-19, NKJV
49. Ezek 33:20, NKJV
50. Ezek 18:25c,d,f-h, NKJV
51. Ezek 18:14, 17c, NKJV
52. Ezek 18:20, NKJV
53. Ezek 18:4, NKJV
54. Ezek 18:5a, NKJV
    Ezek 18:5b,d, TEV
    Ezek 18:6d, NKJV
    Ezek 18:6c, 7b,e, TEV
    Is 25:4c, NASB
    Ezek 18:8b, TLB
    Ezek 18:8c, 9b,c, NKJV
    Gn 2:18c, KJV
    Pr 30:8b, RSV
    Pr 26:10b,d, KJV
    Ezek 18:27d, NKJV

Nine

1. Is 42:5a, KJV
   Ezek 34:16a-c, NKJV
2. Ps 72:4, NKJV
3. Hos 6:1a-d, NKJV
   Hos 6:1e, NIV
   Hos 6:1f, NKJV
   Hos 6:1g, NIV
   Hos 6:2a,b, NKJV
   Hos 6:2c, NIV
4. Mic 1:3, NKJV
5. Num 11:2b, KJV
   Jer 12:13b,c, NKJV
   Is 42:24e,f,c,d, NKJV
6. Jer 13:25e, NKJV
7. Hos 4:18c-e, NKJV
   1 Sam 2:29a,c-e, NKJV

8. Is 42:19-20, NKJV
9. Is 66:3a-g, NKJV
10. Ws 14:27-29, TEV
11. Ezek 34:11b,c, NKJV
12. Mal 3:1a-f, NAB
13. 2 Chron 6:18a, NKJV
14. 2 K 8:12i, KJV
    Joel 2:13c,d, NKJV
    Joel 2:13c, TEV
    Amos 8:10b, KJV
    Jb 33:18f,b, TAB
    Joel 2:13f, TEV
    Joel 2:13f,g, NIV
    Joel 2:13g, NAB
    Joel 2:13j,l, NKJV
15. Neh 1:9b,c, NKJV
    Ps 85:13b, NKJV
    Ps 94:15, NKJV
16. Amos 5:15a-c, NKJV
17. Is 32:9a-d, 11a,c,e-g, NKJV
18. Ps 62:8c,e, NKJV
    Lam 2:18c, 19d, NKJV
19. Mic 7:18c,d, NKJV
    2 Chron 6:37b,c,e,c, NKJV
    Ps 78:7b,e, NASB
    Mic 7:19, NKJV
20. Is 54:7, 8a,b, NKJV
21. Is 54:9c-e, 10a-c, NKJV
    Es-H 1:19d, RSV
22. Is 55:6, NKJV
    Is 55:7a,b, TEV
    Is 55:7d,e, NASB
    Jer 2:3e, KJV
    Is 55:7i,h, NASB
    Is 55:7f, NAB
23. Ec 12:6-7, NKJV
24. Is 40:11a,b, NKJV
    Is 40:11c, NIV
    Is 40:11d, TAB
    Is 40:11e, NKJV
25. 2 Chron 7:14a-c, NKJV
    Ps 125:5b, KJV
    2 Chron 7:14e,g, NKJV
26. Jon 3:8c,d, NKJV
27. Jer 22:29, NKJV
28. Lv 25:23a, NKJV
    Lv 25:23b,c, NIV
    Lv 25:23d, NKJV
29. Is 41:4f, KJV
    Dan 5:23k,m, NKJV
30. Zc 8:16a, NKJV
    Zc 8:16b, TEV
    Zc 8:16c,f,e,d, NAB
    Ezek 21:24e, KJV
    Zp 3:15b, NKJV
31. Ob 12b,h,d,i,k, NKJV
32. Ezek 45:9d, NKJV
33. Ezek 45:9d, TLB
34. Ezek 45:9e, NIV
    Ps 85:10c, KJV
35. Ec 11:1, NIV
36. 2 K 10:19e,l, KJV
    Ps 36:4c, TLB
    2 Es 16:74a, 53, TEV
37. Ps 34:13a,f,c,d,g, NKJV
38. Ps 34:14f,d, NASB
    Ps 34:14c,f, RSV
    Ps 34:14d,h, TAB
39. Is 1:17a, NKJV
    Ps 34:14b, NKJV
40. Is 1:16e, TLB
    Is 1:17b, NAB
41. Is 1:17c, NIV
    Is 1:17d, TAB
    Is 19:20c, KJV
42. Is 1:17p,k,c,v,t,q, TEV
43. Mal 2:1, RSV
44. Is 40:2a, RSV
    Dt 1:21e, NKJV
    Ps 149:3a, NKJV
    Ps 149:1d, 3a,c,e, TEV
45. Is 9:2, NKJV
46. Jer 38:16c, TEV
    Jer 38:16d, NKJV
    Nah 1:14a, NKJV
    Nah 1:14b, KJV
    Dt 5:3e, KJV
47. Pr 3:7a, NKJV
    Pr 3:7b, TEV
    Pr 3:7c, NKJV
48. Jer 48:10a, NKJV
49. Ps 40:4a,b, NKJV
    Ps 40:4c, TEV
    2 Sam 3:16b, NKJV
    Ps 40:4d, TEV
    Judges 20:43c, NKJV
    Ps 40:4e, NASB
50. Mal 2:10a-c, NKJV
51. Is 34:1, 2a,b, NKJV
    Is 34:2c, TAB

Is 34:2d, NKJV
52. 2 Chron 29:25g, NKJV
    Mal 3:4c, NKJV

Ten

1. 1 Chron 16:23a,b, NKJV
2. Is 33:22a-c, NKJV
3. Ps 34:11a-d, NKJV
   Ps 34:13a, NAB
   Ps 119:84b,d, KJV
   1 Sam 25:29d, KJV
   Ps 34:12c, NKJV
   Dt 12:9b, KJV
   Ps 68:33a, KJV
   Ezek 32:23f, KJV
4. Pr 3:31, 32, 33c, 34, NKJV
5. Dt 29:29a,c,d, NKJV
   Lam 5:9b, KJV
6. Ps 119:72a, NKJV
   Ps 119:72c, TLB
   Ps 119:72c, NKJV
   Ps 119:72b, NIV
7. Sir 29:10-11, TEV
8. Ps 41:1a, 2a,c,d, NKJV
9. 1 Chron 29:14a-d, NKJV
   1 Chron 29:14e, NAB
   1 Sam 10:9c, KJV
   1 Chron 29:14f, NAB
   1 Chron 29:15b, NKJV
10. Ps 2:11, NKJV
    Ps 2:12b, TLB
    Pr 4:23b, KJV
    Ps 22:26c, KJV
    Ps 2:12b,c, NKJV
11. Amos 8:4, NKJV
    Ps 123:4a, NKJV
    Jb 22:6a,d, 7, NKJV
12. Mic 3:1e, 2, 3a-d, NKJV
    Mic 3:3e, NASB
    Mic 3:3f, NKJV
13. Mal 3:5b, NKJV
    Mal 3:5d, TEV
    Mal 3:5d, TLB
    Mal 3:5h, TEV
    Mal 3:5g, NKJV
    Mal 3:5g, TLB
    Mal 3:5f, TAB
    Jer 7:9d,e, KJV
    Mal 3:5d, NASB
    Mal 3:5f, NIV
    Mal 3:5l, TEV
    Mal 3:5h, NIV
    Is 52:5h, NKJV
    Mal 3:5j, NKJV
14. Mic 6:2a,b,e, NKJV
15. Ezek 33:11f,g, NKJV
16. Jer 30:23, NKJV
17. Bar 3:12-13, TEV
18. Ps 65:7a,e, NKJV
    Ps 29:11b, NKJV
    Dan 2:44b, TEV
    Ps 29:11c, NKJV
19. Amos 9:8a,b, NKJV
20. Jer 23:35a,c,d, RSV
    Jer 23:35e-g, NAB
    Jer 23:36d,f, RSV
    Gn 3:22d, NKJV
    Jer 23:36b,g, NASB
    Jer 28:15e, NKJV
    Jer 23:39a, 36c, RSV
    Jer 23:36b, NIV
    Jer 23:36c, NKJV
21. Jer 23:37, 38a,b, NKJV
    Jb 10:2a, NIV
    Jb 9:1b, NIV
    Jer 23:38d,f, NKJV
    Jer 23:38c, TLB
    Jer 23:38j,k, 39a-d,f, NKJV
22. Jer 23:40a,b, NKJV
    Amos 9:8c, NKJV
    Ps 52:5b, NKJV
    Amos 9:8e, NKJV
23. Ps 95:10b-e, NKJV
24. Jer 5:2, NKJV
25. Jer 5:3a-g, NKJV
    Jer 5:3c,e, TLB
    Jer 5:4b,d, NKJV
    Jer 5:4c, TLB
    Jer 5:4f, NKJV
26. Is 37:19c, KJV
    Ps 78:8b,d,e, NKJV

Eleven

1. 2 Chron 1:12e, NKJV
   Ex 34:16c, KJV
   Hos 4:13h, NKJV
   Hos 4:14a, TLB
   Lv 14:57b, KJV

Judges 9:7f, NKJV
Josh 9:11e, KJV
Ec 4:8b, KJV
2 Chron 35:2b, KJV
Hos 4:14f, TAB
2. Hos 5:8g, TAB
3. Pr 6:32a,c, NKJV
Num 31:50j, KJV
Josh 3:7c,e, KJV
Num 9:13c, KJV
Pr 7:27b, KJV
4. Pr 5:3b,c, NKJV
Pr 5:4a, TLB
Pr 5:4b, TEV
Jb 34:9e,c, KJV
Pr 5:4d, TEV
5. Pr 5:8a, KJV
6. Pr 5:15a, 18b, 19a,b, NKJV
Pr 5:19c, TLB
Pr 5:19d,e, NKJV
Pr 5:19c,e, NASB
7. 2 Chron 24:20f-i, NKJV
8. Pr 30:20, NKJV
9. Is 3:16b-d, NKJV
Is 3:16g,i, TLB
Is 3:16f,g, 17a,c,d, NKJV
10. Is 3:18b-e, 19-21, 22c,d, 23a,b,d, 24a-g, NKJV
Is 3:24h, NAB
Is 3:24j,h,k, NKJV
11. Is 22:12b, 13a, NKJV
Is 22:13b, NIV
Is 22:13b-f, NKJV
12. Is 22:14a,c, NKJV
13. Amos 9:4d, NKJV
14. 2 Es 6:19b,a, TEV
Lv 26:18c, TLB
15. Jb 35:2b, NIV
Ex 4:26c, NKJV
Ex 23:7c, KJV
Jer 44:9a,c-f, NKJV
Jer 22:21e, NASB
Jer 44:9h, NKJV
16. Jb 34:31, NASB
Jb 34:32, RSV
17. Jer 8:15b, KJV
Dt 8:12c, NAB
2 Chron 23:8e, NKJV
Is 17:10b,c, NKJV
18. 2 Chron 12:5e, NKJV

Ps 43:2c, KJV
2 Chron 12:5g, NKJV
19. Jer 2:5b-e, NKJV
20. Jb 22:15, TEV
21. Mic 6:3, NKJV
22. Jer 8:15b, 21b,d,f, TLB
Ezek 34:7a, TLB
Zp 1:17a,b, RSV
Is 29:14g, NKJV
Is 29:14f, RSV
Is 29:14i, NKJV
23. Is 57:17a, NKJV
Ps 109:16, NKJV
24. Josh 22:25e, KJV
Zc 14:11c, NKJV
Is 38:10, 11b-d, NKJV
25. Jon 3:8a, 10a,e, NKJV
26. Ezek 33:9, NKJV
27. Ezra 9:8a, NKJV
Zp 1:17b, TAB
Ezra 9:8f, NKJV

Philosophy

One

1. 2 Sam 22:26a, NKJV
   2 Sam 22:26a, TAB
   Ps 18:26, 27a, NAB
2. 2 Sam 22:26c, TAB
   Ps 18:25a,c,d, NASB
   Ps 18:27b, NAB
   2 Sam 22:27b,d, KJV
   Ps 18:26b,d, NKJV
   2 Sam 22:27f,b,d, NASB
   Ps 18:26f, NKJV
3. 1 Chron 16:36d, TAB
   Jon 1:11b, RSV
4. Amos 5:14c,b,a, NKJV
   Amos 5:14c, TEV
5. 1 Chron 22:13c,d, NKJV
6. Ezra 8:22d, NKJV
7. Lv 13:18b, TLB
   Ex 40:32b, TLB
   Gn 46:26c, KJV
   2 K 7:16a, TEV
   Dan 7:16c,a,d, TAB
   Neh 2:2b,e,d,g, NASB
   2 K 18:12e, TAB
   Is 50:10b, 11g,j, KJV
   Dt 11:18b, KJV
8. Neh 2:3c, NKJV
9. Sir 18:8-10, TEV
10. 2 K 2:10b, NKJV
11. Ps 55:22a,b, NKJV
12. Ps 39:11c, NKJV
    Ps 39:6d, NAB
    Ps 39:11e, NKJV
    Ps 78:39b, NKJV
13. Ps 73:21, NKJV
14. Ps 142:2, 3a, NKJV
15. Sir 11:23, 24a,b, TEV
    Sir 11:24c,d, NAB
16. Sir 11:25, TEV
17. Sir 11:7a,b, 3d, 7d, TEV
18. Ps 42:5a-c, NKJV
19. Ps 89:47a, 51b, 47b, 48, NKJV
20. Ws 5:10a-c, 11-12, 13a-c, TEV
21. Ps 90:9b, 10, NKJV
22. Ps 103:15-16, NKJV
23. Ps 102:11, NKJV
24. Jb 3:20-22, NKJV
25. Jb 3:23a, TLB
    Jb 3:23c,b, NKJV
    Jb 3:23b, TLB
26. Jb 3:24b,c, 25b,e, NKJV
27. Jb 3:13b, TLB
    Jb 3:13d,b,c,e, NKJV
28. Ps 103:13-14, NKJV
29. Sir 11:28, TEV
30. 1 Sam 20:14d,b, NKJV
    Ps 49:9b, KJV
    Sir 9:10a,b, TEV
    Sir 12:8a,b, TEV
31. Sir 19:6, TEV
32. Sir 11:10b-f, 11-13, TEV
33. Ws 2:12a, 16b,c, TEV
    Ws 2:16c, 20b,c, 18c, NAB
    Ws 2:17a, 19e, 17c, TEV
34. Jb 4:20b,c, 21a,e,c,b, NKJV

Two

1. Jb 4:2b, TEV
   Jb 4:2b, TAB
   Jb 4:2a, TEV
2. Jb 4:17, NKJV
3. 1 Chron 21:11c, NKJV
4. Ps 42:3c, NIV
   Jb 33:28e,b, 5c,b, NKJV
   Dt 29:22e, KJV
   Is 43:16d, KJV
   Ex 28:27e,b, NASB
5. Ec 6:6c,d, TAB
6. Ec 10:14b, NKJV
   Ec 3:10, 12, NKJV
7. Ec 3:10b, 11b-d, RSV
   Ec 3:11e, TLB
8. Ec 5:20, NKJV
9. Hab 2:20b, NKJV
   Sir 50:19c, NAB
10. Pr 29:20a, NKJV
    Lam 3:37d,b, NKJV
    Pr 29:11a, NKJV
    Lam 3:37a, NKJV
    Pr 29:11b,c, NKJV
11. Pr 16:32a, NKJV
    Pr 16:32a, NAB
    Pr 16:32c, NKJV
    Pr 16:32b, TEV
    Pr 16:32d, NASB
12. Pr 21:23, NKJV

13. Pr 17:27, NKJV
14. Pr 17:28b, TLB
    Pr 17:28b,c, NKJV
15. Pr 9:12, NKJV
16. Pr 10:15a, 14b,a, NKJV
17. Ec 11:3-4, NKJV
18. Pr 19:23a,c,b,e, NKJV
19. Pr 27:8, NKJV
20. Pr 29:23a, NKJV
    Pr 29:23b, NAB
    Pr 29:23c, TEV
    Pr 29:23b, NASB
    Pr 29:23c, TAB
21. Jb 6:25, NKJV
22. Jb 7:6a,d, NKJV
    Jb 7:7a,c, NASB
    Jb 7:7e, NKJV
    1 Chron 29:15c, NKJV
23. Jb 7:11, NKJV
24. Jb 7:15b, TAB
    Jb 7:15c, 16a, NKJV
    Jb 7:5b, 16e,b, TEV
25. Jb 9:19a, TEV
    Jb 9:27b-d, NKJV
26. Jb 9:29a, NKJV
    Ps 119:25b, NKJV
    Jb 9:29b, NKJV
27. Jb 9:32a-c, TAB
    Jb 9:32b-d, NKJV
    Jb 9:8b, 32d, TEV
    Lv 20:3c, TEV
28. Jb 11:10a, NKJV
    Jb 9:32d, 33a,b,d, TLB
29. Jb 10:8, NKJV
30. Jb 10:1a,b, NKJV
31. 2 Es 7:62, TEV
32. 2 Es 7:117a-c, TEV
    Ex 16:20d, NKJV
    2 Es 7:117d, TEV
    1 Sam 12:19d,f, KJV
33. 2 Es 8:4-5, TEV
34. 2 Es 8:12, TEV
35. 2 Es 8:13, TEV
36. 2 Es 8:14a,c, TEV
37. Ps 7:8b, NKJV
    Ps 57:7b, TAB
    Ps 7:8h, TAB
    Jer 31:33b,g,i, KJV
    Ps 7:8e, RSV
    Ps 23:6b,d, KJV
38. Ps 13:2a,b, NKJV
39. Ps 142:7a, NKJV
    Ps 13:3a,c, NKJV

Three

1. Jb 11:2a, NASB
   Jb 11:2b, 3c,d, NKJV
2. Jb 11:4b, TEV
   Jb 9:34d, TAB
   Jb 11:16b, NKJV
   Jb 33:12b, NAB
3. 2 Chron 28:10b,c, NKJV
4. Jb 11:5b,c, 6a, NKJV
   Jb 11:5d, 6c,g, TAB
   Jb 11:6d, NKJV
   Josh 23:13a, TAB
   Jb 11:6f, NKJV
5. Ps 103:10a,c, TEV
   Ps 103:10b, RSV
   Ps 103:10b, TLB
   Neh 5:1b, 2c,g, KJV
   Ps 144:10c, KJV
   Ps 77:12c, KJV
6. Ps 130:3, NASB
7. Pr 4:7, 8, 9a, NKJV
8. Jb 11:19a, NKJV
   Jb 11:19b, NASB
   Jb 11:19c,d, NKJV
   Pr 13:23c, 15a, NKJV
9. Pr 11:27a,c, TLB
   Pr 11:27b, NKJV
10. Pr 15:32a, NKJV
11. Pr 10:18a,b, NKJV
    Pr 10:18c, NAB
    2 K 14:9g, KJV
12. Pr 11:24, NKJV
13. Pr 29:3a, NKJV
    Pr 29:3b, NASB
    Pr 29:3c, TAB
    Pr 29:3d, TLB
    Pr 29:3e, NKJV
14. Jb 11:12b,c, NKJV
15. Pr 29:6, TEV
16. Pr 10:2a,b, NKJV
    Pr 10:2c, TEV
    Pr 10:2c, NKJV
17. Hab 1:13e, 3d,e, 5d, 3f, NKJV
    1 Sam 15:2c, KJV
    Pr 17:14, NKJV

18. Sir 22:21a-d, TEV
    Sir 22:22d, NAB
    Sir 22:22, TEV
19. Pr 17:9a, RSV
    Pr 17:9b, NKJV
    Pr 17:9c, NIV
    Pr 22:19b, NIV
    Pr 17:9e, NIV
    Pr 17:9f, NKJV
20. Pr 15:21a, NKJV
    Pr 15:21b, NASB
21. Pr 25:15, NKJV
22. Pr 25:6, 7a,b, NKJV
    Pr 25:7c, RSV
    Ps 73:5b, KJV
    Pr 8:34f, TAB
23. Judges 18:14g, NKJV
24. Ex 23:13a,b, NKJV

Four

1. Jb 12:2a, NKJV
   Ru 3:18f, KJV
   Jb 12:2c, 3a,b,d,e, NKJV
2. Jb 13:6, NKJV
3. Jb 12:11a, NKJV
   Sir 36:19b,c, TEV
   Sir 36:19c, NAB
4. Jb 13:7, 8b, NKJV
   Jb 13:9a, NASB
   Jb 13:9c, TEV
5. Jb 14:1a, RSV
   Jb 14:1b, 2a, NKJV
   Jb 14:2c,d, RSV
6. Jb 14:13a,b, NKJV
   Is 47:9b, KJV
7. Jb 14:14, NKJV
8. Jb 14:19a-c, NKJV
   Ezek 37:3e, KJV
   Jb 14:19d, 20, NKJV
9. Ec 1:2c,d, 3, NKJV
10. Ec 1:4a,b, 5, NKJV
11. Ec 1:6a-c, NKJV
    Ec 1:6d, NASB
    Ec 1:7a-c, NKJV
    Ec 1:7d, NASB
12. Ec 1:8a, NASB
13. Ec 1:8b, NKJV
14. Ec 1:8c,d, NKJV
15. Ec 1:9, NKJV

16. Ec 1:10a-c, NKJV
    Ec 1:10e,f, TEV
    Ec 1:10e, NAB
17. Ec 1:11, NKJV
18. Ezra 5:11e, KJV
    Ec 1:12a, NKJV
    Dan 5:31b, KJV
    Ec 1:13b, NKJV
    Ec 1:13c, TEV
    Ec 1:14a,b, NKJV
    Ec 1:14c, TEV
    Ec 1:4a, 2e, NASB
    Ec 2:19c, NIV
    Ec 1:14f, TEV
19. Ec 1:15a, NKJV
    Ec 1:15b, NASB
20. Ec 1:17, NKJV
    Ec 1:18a, NASB
    Ec 1:18b, NKJV
21. Ec 1:16a,b, NKJV
    Ec 2:1b-f, RSV
    Ec 2:2, NKJV
22. Ec 2:3a,c,e, NKJV
23. Ec 2:4a, NIV
    Ec 2:4b, 5, 7a,b, NKJV
24. Ec 2:8-9, NKJV
25. Ec 2:10a-d, 11a, NKJV
    Ec 2:11b,c, NASB
    Jb 24:25d, NASB
    Ec 2:11b,e, TEV
    Ec 2:13b, TLB
26. Ec 2:12a, RSV
    Ec 2:23e, TLB
27. Ec 2:13-14, NKJV
28. Ec 2:15, NKJV
29. Ec 2:16, 17a, NKJV
30. Ec 3:16a,c-f, NKJV
    Ec 3:18, NIV
    Ec 3:20, NKJV
31. Ec 3:21, TLB
32. Ec 3:22a,b, NKJV
    Gn 43:11e, NIV
    Ec 3:22c,d, NKJV
33. Ec 8:14a, NKJV
    Ec 8:14b, NAB
    Ec 8:14e, 15a-d, NKJV
34. Ps 37:25, NKJV
    Hab 1:13a, 5e,g, TEV
    Hab 1:5d, 6a, NIV
    Is 5:5c, KJV

35. Ps 144:4, RSV
36. Ec 4:1a-d, NKJV
    Ec 4:1e,f, TAB
37. Ec 4:2, 3a,b, NKJV
38. Ec 4:4a-c, NKJV
39. Ec 6:1, 3a,c-e, 4a, NKJV
    Ec 6:4b, NAB
    Ec 6:4c, NASB
    Ec 6:4d, NKJV
    Ec 6:5a,b, NKJV
    Ec 6:5c,e, TLB
    Ec 6:6a,b, NKJV
    Ec 3:12d, KJV
40. Ec 8:16, 17b, NKJV
41. Ec 8:17c-g, NKJV

Five

1. Jb 15:2-3, NKJV
2. Jb 15:11a,b,d,c, 12, 13, NKJV
3. Pr 14:8a, KJV
   Sir 21:25c, 26, TEV
4. Bar 3:14, TEV
5. Sir 25:12, TEV
6. Ec 5:8a, NKJV
   Ec 5:8b, TEV
   Ec 5:8c, NKJV
   2 Sam 2:6b, KJV
   Ec 5:8e-g, NKJV
   Pr 12:25a,c,d, NKJV
7. Pr 17:22, NKJV
8. Ec 7:16, 17, 18a, NKJV
9. Sir 14:18-19, TEV
10. Sir 22:16, TEV
11. Sir 37:8a-c, TEV
12. Sir 3:28-29, TEV
13. Bar 4:1a, 2a,c,d, TEV
14. Sir 43:31, 32b, 33, TEV
15. Dan 7:27g, NKJV
16. 1 K 10:9g, NKJV
17. Sir 15.13-15, TEV
18. 2 K 5:19b, NKJV
19. Jb 18:2, NKJV
20. Pr 25:20a,c, NKJV
21. Jb 17:14, 15a, NKJV
22. Jb 16:6a,b, NKJV
    Jb 16:6c, NASB
    Jb 16:6d,e, NKJV
23. Jb 16:21, NKJV
24. Jb 21:4b, NKJV

25. Jb 21:7-8, NKJV
26. Jb 21:9-11, NKJV
27. Jb 21:12-13, NKJV
28. Jb 21:14, 15a-c, NKJV
29. 2 Es 3:29d, 30, TEV
30. 2 Es 3:32-33, TEV
31. 2 Es 3:34-36, TEV
32. 2 Es 4:12b, TEV

Six

1. 2 Es 4:21b-e, TEV
2. 2 Es 4:22d, TEV
   2 Es 5:34e, TEV
3. 2 Es 5:35a, TEV
4. 2 Es 5:35d-h, TEV
5. 2 Es 4:26b,c, TEV
6. 2 Es 7:3d-f, 4, 5, TEV
7. 2 Es 7:6-9, TEV
8. 2 Es 7:51b, 49c, 51d,e, 52, TEV
9. Ezek 37:14a,b, NASB
10. Ps 11:5a, NKJV
11. Ps 11:5b, NKJV
    Ps 35:20, NKJV
12. Ps 117:2b,c, NKJV
    Ps 89:37b, NKJV
13. Amos 4:13i,d, NAB
14. Dan 10:19b-g, NKJV
15. Jb 21:23-26, NKJV
16. Jb 21:34, NKJV
17. 2 Chron 34:3b,c,e,f, NKJV
    Lv 26:45b, NASB
    1 K 4:29-31, NKJV
18. 1 K 4:32, NKJV
    Ws 7:22b,d, 20, 21, TEV
19. Ws 7:16b, 17b-d, 18, 19, TEV
20. 1 K 4:33, 34a,b,d, NKJV
21. Ws 8:10-12, TEV
22. Ws 9:6, 7, 8a,c,e, TEV
23. Sir 39:12, TEV
24. Sir 39:1b, 2a, 3, 4c, 7, 11, TEV
25. Gn 2:11b, KJV
    2 K 2:9e, KJV
    Ex 21:36b, KJV
    2 Sam 13:33b, KJV

Seven

1. Ex 10:17b, TEV
   1 Es 3:1b, TEV

Es-H 5:12e, KJV
1 Es 3:1d, TEV
1 Sam 9:24i, KJV
Dan 1:17b, NKJV
Dt 9:24b, KJV
Pr 24:1c, KJV
Dan 1:17d, 20b,d,f, NKJV
2. 1 Es 3:3a, TEV
Josh 15:18d, KJV
1 K 8:20c, KJV
3. 1 Es 3:4a,c, 5a, 8a, TEV
4. 1 Es 3:10-12, TEV
5. Is 60:10e, KJV
1 Es 3:15b, TEV
Judges 6:11a, 10b, NASB
1 Es 3:16b,e, TEV
6. Judges 4:22h, KJV
1 Es 3:17c, 18c,d, 19-23, 24c,d, TEV
7. Ec 2:12e, KJV
1 Es 4:1b, 2c-f, 3-5, 6a-c,e, 7-10, 11a,b, 12c,d, TEV
8. Is 46:11b, KJV
1 Es 4:13b, TEV
Ezra 6:12b, KJV
1 Es 4:13d,e, 14c-g, 15-31, 32b,c, TEV
9. Gn 25:32d, KJV
Dt 5:3e, KJV
1 K 2:35c, KJV
1 Es 4:33b, TEV
10. 1 Es 4:33c, 34a,c-h, 35-41, TEV
11. 1 Es 4:58a,d, 59, 60, TEV
12. Ps 9:16c, NKJV
13. Gn 23:19a, KJV
Ec 2:14f,d, KJV
Ezra 5:7b, NKJV
Neh 13:13h, RSV
Jer 24:9d, KJV
Ezra 5:7d, NKJV
2 Chron 24:6d,f, NKJV
Pr 4:2b, RSV
Lam 3:21a, KJV
2 Sam 24:22c, TLB
Dan 8:10d, KJV
Dt 29:29c, RSV
Is 59:21g, NIV
14. Dan 4:1b-d, NKJV
Ws 9:13-15, TEV
15. Ws 8:20b-e, TEV
Ws 9:1, TEV
16. Ws 9:16-18, TEV
17. Pr 2:1b,c, 2b, 3a,b, 4b, 5a, 6, 7b, 8c,a,d, NKJV

Eight

1. Dt 6:7a, 6b, 7c-e,g,h, NKJV
Dt 6:8-9, NAB
2. Pr 7:3-4, NASB
3. Pr 12:27c, NKJV
4. Pr 16:23, NKJV
5. Pr 19:27a, NKJV
1 Chron 28:2f, KJV
Pr 19:27c, NKJV
6. Ps 62:10, NKJV
7. Pr 22:1a,b, RSV
Pr 22:1b, NKJV
8. Pr 16:8, NKJV
9. Pr 17:1, NKJV
10. Sir 7:19, TEV
11. Sir 7:26, TEV
12. Pr 15:17, NKJV
13. Sir 30:14, 18a, TEV
Sir 30:20b, NAB
Sir 30:20b,c, TEV
14. Bar 3:15a,b, NAB
Bar 3:15c, 16b-d, 17a,c,d, 15a, TEV
15. Ws 4:1a,b, 2a-c, TEV
16. Pr 23:4, 5a-c, NKJV
17. Pr 28:16e, TAB
18. Pr 3:35, NKJV
19. Pr 11:12a,b, NKJV
Pr 11:12c, TEV
Pr 11:12c, NKJV
Pr 11:12e, TEV
20. Pr 22:7, NKJV
21. Pr 27:19, NKJV
22. Ps 14:6a, NKJV
Hos 2:8b, KJV
Ps 14:6b, NKJV
Pr 28:11a, TLB
Pr 28:11b,c, TEV
Pr 28:11d, NIV
23. Ec 7:14a,b, NKJV
Ec 7:14d, NAB
Zc 6:13f, KJV
24. Ec 5:10a, NKJV
Ec 5:10b,d, NIV
Ec 5:9b, NAB
2 K 15:20c, KJV
Ec 5:10b, TLB

25. Ec 7:12b,c, NKJV
26. Sir 3:30-31, TEV
27. Sir 10:28b-d, 29, TEV
28. Sir 4:20-21, TEV
29. Sir 4:22-23, TEV

Nine

1. Sir Foreword a, NAB
   Sir Foreword d-f, TEV
2. Sir 18:29, TEV
3. Sir 4:24-25, TEV
4. Sir 6:24-26, TEV
5. Sir 6:32b,c, 33, TEV
6. Sir 18:27c-e, TEV
7. Sir 13:15-16, TEV
8. Sir 20:7-8, TEV
9. Sir 20:6, TEV
10. Sir 20:1-2, TEV
11. Sir 22:8, TEV
12. Sir 21:27, TEV
13. Sir 21:15, TEV
14. Sir 20:24, TEV
15. Sir 27:11d, 12, TEV
16. Pr 23:9, NKJV
17. Pr 24:9b, TEV
18. Pr 24:9a,b, NIV
    Pr 19:28a, 27b, 28c, TEV
19. Pr 24:29a,b, NKJV
20. Ec 7:5, NKJV
21. Sir 14:12-14, TEV
22. Sir 14:15-16, TEV
23. Ec 7:25a,b, NKJV
    Ec 7:25c,d, TLB
24. Ec 7:27a, NKJV
    Ec 7:27b,e, NASB
    Ec 7:28d,b, NIV
    Ec 7:28a, NKJV
25. Ec 7:26a,c,b, NKJV
    Ec 7:26e, TEV
    Ec 7:26c, NASB
    Ec 7:26e, NKJV
    Ec 7:26h, TEV
    Ec 7:26f, NASB
26. Sir 23:16e, 17, TEV
27. Es-G 2:2c, TEV
    Sir 37:11a, TEV
    Sir 37:11b, NAB
28. Sir 26:13a, TEV
29. Sir 26:27, TEV

30. Sir 25:15-16, TEV
31. Sir 25:17, 18, 19a,b, TEV
32. Pr 27:15, NKJV
33. Sir 25:20, TEV

Ten

1. Sir 27:1, TEV
2. Sir 31:8, 9, 10a,b, TEV
3. Sir 31:10c,d, 11, TEV
4. Is 32:7, NASB
5. Is 32:8b, RSV
   Is 32:8b,c,e, TAB
   Is 32:8b, NASB
   Is 32:8b, TEV
   Is 32:8b, TLB
6. Pr 21:25, 26a,b, NKJV
   Pr 21:26c, NIV
7. Sir 10:27, TEV
8. Lam 4:9a, NKJV
9. Sir 12:16a,b, NAB
   Sir 12:16c, TEV
   Sir 12:15a-c, NAB
   Sir 12:17b,c, TEV
10. Sir 12:18b, NAB
    Sir 12:18c,f, TEV
    Sir 12:18d, 16d, NAB
    Sir 12:16d,f, TEV
11. Sir 40:28b,c, 29a-c,e, TEV
12. Sir 40:30a,b, TEV
    Sir 40:29d, 30c, NAB
13. Pr 29:2, NKJV
    Neh 3:5b, TLB
    Neh 3:5c, NKJV
    Ezra 5:2e, KJV
14. Sir 10:1, 2, 3a,b, TEV
    Sir 10:3c, NAB
    Pr 30:3d,b, KJV
15. Es-G E:7, 8a, 9b,c, TEV
16. Pr 27:9a,b, NKJV
    Pr 27:9c, NIV
    Pr 27:9d, NKJV
17. Pr 27:17, NKJV
    Ex 19:19e, KJV
    Pr 27:17d,b, TLB
18. Pr 28:23, NKJV
19. Ec 9:18, NKJV
20. Ec 10:10, NKJV
21. Ec 5:4, 5a, NKJV
    Ec 5:4e, 5d,b,e, TLB

22. Ec 7:21a, NKJV
    Pr 27:7c, KJV
    Ec 7:21c, NKJV
    Ezek 36:7d, KJV
    Ec 7:22a, NIV
    Ec 7:22b, NASB
23. Pr 25:26a, TLB
    Pr 25:26b, NKJV
    Pr 25:26b, RSV
24. Sir 32:1-4, TEV
25. Sir 32:5-6, TEV
26. Sir 32:11, TEV
27. 2 K 4:29e-i, NKJV
28. Sir 37:13c,d, NAB
    Sir 37:14a, TEV
    Sir 37:14a, NAB
    Sir 37:14c, TEV
29. Sir 32:18b, 21, TEV
30. Sir 41:12, TEV
31. Sir 32:19, TEV
32. Ws 7:15, TEV
33. Ps 49:16-20, NKJV

Eleven

1. Ps 90:13b, 12b,c, NKJV
2. Sir Foreword n,p,t,r,s,u,v,w,x,y,q, TEV
   Jer 6:17c, KJV
   Is 33:19c, KJV
   Neh 9:26d, KJV
   Ex 19:8e, KJV
3. Jb 31:40d, TEV
   2 K 5:5e, KJV
   Jb 8:8c, KJV
   Gn 3:10d, KJV
   Jb 32:12f,i, KJV
   Ps 52:7b,c, NKJV
   2 Chron 29:28g,e, KJV
   Is 3:16f, KJV
   Is 7:16b,d, NAB
4. Is 64:8a, KJV
   Gn 31:5b, KJV
   Ec 6:7, 8, 9a, NIV
   Ec 6:7b, 6c, NAB
   Ec 11:10d, NIV
   Dan 11:6b, KJV
5. Ps 62:9, NKJV
6. Jer 9:12a-c, NKJV
7. Lam 2:14a,b,d, NKJV
8. Ps 49:10b-d, NKJV

9. Ec 7:15a, NKJV
   Ec 7:15b, NASB
   Ec 7:15a, TLB
10. Jb 24:25, NKJV
11. Ps 143:11b, NKJV
    Ps 144:3b,e, NKJV
12. Ps 90:4a, NKJV
13. Ps 43:3a-c, NKJV
14. Jb 23:3a,b, NKJV
15. Gn 31:41e, TAB
    Jb 33:5b, NKJV
    Gn 33:9e, TAB
    Amos 4:10d, KJV
    Jb 33:5d, NKJV
16. Hos 6:3a,b, NKJV
    1 Sam 8:20a, RSV
    Jb 33:30c, NKJV
17. Jb 30:25, 26a,b, NKJV
18. Jb 31:29a, NKJV
    Hos 4:15g-i, NKJV
    Ps 120:2b,a,c, NKJV
19. Pr 18:21a, NKJV
20. Ps 119:163a, NKJV
    Ps 119:163b, NASB
    Ps 119:163c, NKJV
21. Ps 43:1e, NKJV
22. Jb 31:35a,b, NKJV
23. Ps 119:144b,c, NKJV
24. 1 Es 1:51b,c, TEV
25. Hos 12:10c, NKJV
26. Hos 8:12c,b,e, NKJV

Twelve

1. Zc 7:1b, KJV
   Ezek 28:17a,b, NKJV
2. 2 Macc 7:2b, TEV
   Zc 4:10b, NKJV
3. Jb 34:3b, 4, NKJV
4. Jb 35:2b,c, NKJV
5. Jb 22:2a, NASB
   Jb 22:2b,c, 3a, NKJV
   Jb 22:3b, NAB
   Jb 22:3c, NKJV
6. Jb 36:2a, NKJV
7. Jb 38:28-29, NKJV
8. Is 40:12a,c, NKJV
   Is 40:12e,g, NIV
9. 2 Macc 7:28b,d-f, TEV
10. Jb 28:12b,c, 13a,b, NKJV

Jb 28:13b, TEV
11. Jb 28:15a, NKJV
Jb 28:15b,d, NIV
Jb 28:18b, NKJV
12. Jb 26:14a,c, NKJV
13. Ps 131:2a,c,e, NKJV
14. Ps 141:8c, NKJV
Ps 94:19, NKJV
15. Ps 63:6d, TEV
Ps 22:2a,f, TEV
Ps 63:6a, NKJV
16. Ps 94:11a, NKJV
Ps 96:3c, KJV
17. Sir 7:17, TEV
18. Sir 10:11, TEV
19. Sir 10:9, TEV
20. Sir 38:19, 17, 22, 21, TEV
21. Ps 98:6b,c, NKJV
22. Ps 119:54, NKJV
23. Is 25:1f, NKJV
24. Ps 119:98a-c, NKJV
25. Ps 25:8, 9a,b, NKJV
Pr 8:12d, RSV
Ps 25:10a, NKJV
Ps 119:132d, TAB
Jb 39:9c, KJV
Ps 25:10c, NKJV
26. Ps 37:28a, NKJV
Ps 37:28b, TEV
Ps 37:28c, NKJV
Ec 12:8b, TLB
27. Dan 6:25a, NASB
Neh 13:7c, 21e, KJV
2 Sam 17:5d, KJV
Jer 50:6f, KJV
Zc 7:3g, KJV
Ex 21:30c, KJV
28. Ps 119:59a,b, 60, NKJV
29. 2 Sam 22:29, NKJV
30. Ps 119:27a, NKJV
31. Ps 119:35, NKJV
32. Mic 7:7a, 8e,f, NKJV
33. Ps 119:15a, NKJV
Ps 119:16b, TEV
Ps 119:15c, NKJV
Ps 119:15d, TEV
34. Ps 116:9a, NKJV
Is 8:18b,d, TEV
Ps 116:9b, TEV
35. Ps 34:22c, 2a, NASB

36. 1 Chron 17:13a-c, NKJV
37. 2 Sam 22:49d, NAB
2 Sam 22:49c, NIV
2 Sam 22:50a,c,d, NKJV
38. Ru 2:13e,f, NKJV
39. Ru 2:20b,c, NKJV

Vivacity (Viva City)

One

1. Matt 1:18, TLB
2. Luke 2:25-32, NKJV
3. Luke 2:40, RSV
4. Matt 12:17b, 18-21, TEV
5. Matt 3:1-2, NKJV
6. Matt 3:7, 10, NKJV
7. Luke 3:10, TEV
8. Luke 3:11, TEV
9. John 1:19b,c, 20a-c, NKJV
10. John 1:20d, NKJV
11. John 1:21a-c, NKJV
12. John 1:21d,e, NKJV
13. John 1:21f, NKJV
14. John 1:21g,h, NKJV
15. John 1:22, NKJV
16. John 1:23a-d, NKJV
17. Matt 3:13, NKJV
18. Matt 4:1-2, NKJV
19. Matt 4:3, NKJV
20. Matt 4:4, NKJV
21. Matt 4:5-6, NKJV
22. Matt 4:7, NKJV
23. Matt 4:8-9, NKJV
24. Matt 4:10, NKJV
25. Matt 4:17, NIV
26. Luke 3:23a, NKJV
27. Matt 4:18-19, NKJV
    Mark 1:18, NKJV
28. Mark 1:19-20, NKJV
29. Matt 9:9, NKJV
30. Mark 2:15-16, NKJV
31. Matt 9:12-13, NKJV
32. Matt 18:11, NKJV
33. Matt 11:16-18, NKJV
34. Matt 11:19, TEV
35. Matt 11:7a,b,d-f, 8, 9, 11, NKJV
36. Luke 16:16, NIV
37. John 1:43, NKJV
38. John 1:44-45, NKJV
39. John 1:17, NKJV
40. Matt 4:23a-c, 25, NKJV
41. John 3:22-23, RSV
42. John 3:25, 26a-d,f-h, RSV
43. John 3:27-31, RSV

Two

1. John 7:2, NKJV
2. John 7:14b, NKJV
3. Luke 13:24a, NKJV
   Matt 7:13b,c, 14, NAB
4. Matt 6:19-21, NKJV
5. John 5:24, 22, 23, NKJV
6. John 8:51, NKJV
7. Luke 10:25, NKJV
8. Luke 10:26, NKJV
9. Luke 10:27, NKJV
10. Luke 10:28, NKJV
11. Luke 10:29, NKJV
12. Luke 10:30-36, NKJV
13. Luke 10:37a,b, NKJV
14. Luke 10:37c,d, NKJV
15. Matt 18:21, TEV
16. Matt 18:22-35, TEV
17. Matt 6:14-15, TLB
18. Luke 7:14a, NIV
    Luke 15:3b,c, 4-9, NKJV
19. Luke 15:11-32, TEV
20. Luke 6:37, NKJV
    Matt 7:2-5, NIV
21. Luke 6:39b,c, NKJV
22. Luke 11:33-34, TLB
23. Luke 11:35, NKJV
24. Mark 8:11, NKJV
25. Mark 8:12, NKJV
26. Luke 17:20-21, NKJV
27. Luke 16:13, NIV
28. Luke 16:14, NIV
29. Luke 16:15, NIV
30. Luke 12:22-27, NKJV
    Matt 10:26a, TEV
    Luke 12:29b,c, 30a,b, NKJV
    Luke 12:30c, RSV
31. Matt 6:33, NIV
32. Luke 12:32, 33a-c, NKJV
33. Matt 19:13a, NAB
34. Matt 19:13b, 14, NAB
35. Matt 18:1, NKJV
36. Matt 18:2-5, NKJV
    Mark 9:37b,c, NKJV
37. Matt 18:7, TLB
38. Luke 17:2, RSV
39. Mark 10:15, TEV
40. Mark 10:16, TEV
41. Mark 1:22, NKJV

Three

1. Luke 13:18a, NAB
   Mark 4:26b, 27, 28, NKJV
2. Matt 13:44, NKJV
3. Matt 13:45-46, NKJV
4. Matt 15:1-2, NKJV
5. Matt 15:3, 7a, NKJV
6. Matt 15:7b,c, 8, 9, NKJV
7. Matt 15:12, NKJV
8. Matt 15:13a, 14, NKJV
9. Matt 15:15, NKJV
10. Matt 15:16-20, NKJV
11. John 12:44-47, NKJV
12. John 3:19-21, NIV
13. Matt 8:19, NKJV
14. Matt 8:20, NKJV
15. Matt 8:21, NKJV
16. Matt 8:22, NKJV
    Luke 9:60c, NKJV
17. Luke 9:61, NKJV
18. Luke 9:62, NKJV
19. Matt 10:1a, 2-3, 4a,b, NKJV
20. Luke 9:2a, 3a-c, NKJV
    Luke 10:7c, NKJV
    Luke 9:3d, NKJV
    Luke 10:4d, NKJV
21. Matt 10:11-14, NKJV
22. Matt 10:8e,f, NKJV
23. Luke 10:3, NKJV
    Matt 10:16c, NKJV
24. Matt 7:6, NASB
25. John 3:1, NASB
    John 3:2a-c, NKJV
    John 6:35d, TEV
    John 3:2e, NKJV
26. John 3:3, NKJV
27. John 3:4, NKJV
28. John 3:5-6, NKJV
29. Matt 12:31-32, NKJV
30. John 6:63, NKJV
31. John 3:7-8, NKJV
32. John 3:9, NKJV
33. John 3:10, NKJV
34. John 3:13, NIV
35. Matt 12:30, NASB
36. John 6:70a, NIV
    John 4:5, NKJV
37. John 4:6, 7a, NKJV
38. John 4:7b,c, NKJV
39. John 4:9, NKJV
40. John 4:10, NKJV
41. John 4:11-12, NKJV
42. John 4:13-14, NKJV
43. John 4:15, NKJV
44. John 4:16, NKJV
45. John 4:17a,b, NKJV
46. John 4:17c-e, 18, NKJV
47. John 4:19-20, NKJV
48. John 4:21-24, NKJV
49. John 4:25, NKJV
50. John 4:26, NKJV
51. John 4:39, NKJV
52. John 4:40, NKJV
53. John 4:42, NKJV
54. John 4:43, NKJV

Four

1. John 4:45a,b, NKJV
2. John 6:35, 38, NKJV
3. John 6:41, NKJV
4. John 6:42, NKJV
5. John 6:43, 44a, 45, 46, NKJV
6. John 6:47-51, NIV
7. John 6:52, NIV
8. John 6:53, 54a, 55-58, NIV
9. John 6:59, NKJV
10. John 7:15a-c, NKJV
    Matt 15:33c, KJV
    John 7:15e, NKJV
11. John 7:16-18, 24, NKJV
12. John 8:42b-f, 43-47, NKJV
13. John 5:31-35, 36a, 37-38, NKJV
14. Matt 10:32-33, TLB
15. John 5:39-47, NKJV
16. Matt 11:15, NKJV
17. Mark 12:41-42, TLB
18. Mark 12:43-44, TLB
19. Matt 6:1, NKJV
20. Luke 18:9-14, NAB
21. John 7:53, NIV
    John 8:1, 2b-d, NKJV
22. Matt 9:36, NKJV
    Matt 11:28-30, NKJV
23. John 8:3-5, 6a,b, NIV
24. John 8:6c, 7, NIV
25. John 8:8-9, NIV
26. John 8:10, NIV
27. John 8:11a-c, NIV

28. John 8:11d-f, NIV
29. John 12:1a,c, NKJV
    Luke 7:36b,c, NKJV
30. Luke 7:37, 38a,c-f, NKJV
31. John 12:4a,b,e, 5, 6, NKJV
32. Mark 14:6, 7, 8a, 9, TEV
33. Luke 7:39, NKJV
34. Luke 7:40a-c, NKJV
35. Luke 7:40d-f, NKJV
36. Luke 7:41-42, NKJV
37. Luke 7:43a,b, NKJV
38. Luke 7:43c,d, 44-47, NKJV
39. Luke 7:49, NKJV
40. John 8:28-29, NKJV
41. John 8:30, NKJV
42. John 8:31-32, NKJV
43. John 8:33, NKJV
44. John 8:34, NKJV
45. John 8:36, NIV
46. John 13:10a, TAB
    John 16:5b, 7, NKJV
47. John 14:16-17, NIV
48. John 16:8, 12, 13a-g, NKJV
49. John 14:27, NKJV
50. John 14:15, TEV
51. John 14:19-21, NKJV
52. John 14:23b-e, NKJV
53. John 16:32a,c-g, 33, TEV

Five

1. Mark 3:31-32, NKJV
2. Mark 3:33-35, NKJV
3. Luke 6:20a,b, NKJV
   Matt 5:3, NASB
4. Luke 6:21a,b, NKJV
5. Matt 5:4, NASB
6. Luke 6:21c,d, NKJV
7. Matt 5:5, NASB
8. Matt 5:6, NASB
9. Matt 5:7, NASB
10. Matt 5:8, NASB
11. Matt 5:9, NASB
12. Luke 6:22-23, NKJV
13. Matt 5:10, NASB
14. Luke 6:24, NKJV
15. Luke 6:25a,b, NKJV
16. Luke 6:25c,d, NKJV
17. Luke 6:26, NKJV
18. Matt 23:15a-d, NKJV
    Matt 23:15e-g, NIV
19. Matt 23:23a-f, NKJV
    Luke 11:42d-f, NKJV
    Matt 23:24, NKJV
20. Matt 23:14a-e, NKJV
21. Matt 23:3, 5a, 6-7, NKJV
22. Matt 23:8, NKJV
    Matt 23:9a, NIV
    Matt 23:9b-d, NKJV
23. Matt 23:16, 19-22, NIV
24. Matt 23:25a-c, NKJV
    Matt 23:25d,e, 26, TEV
25. Matt 23:27, TEV
    Matt 23:28, NKJV
26. Luke 11:44, NKJV
27. Matt 23:29-31, NKJV
28. Luke 11:45, NKJV
29. Luke 11:46, NKJV
30. Matt 23:13a-d, RSV
    Luke 11:52c, NKJV
    Matt 23:13e,f, RSV
31. Luke 11:53-54, NKJV

Six

1. Matt 16:21, NASB
2. Matt 16:22, NASB
3. Matt 16:23, NASB
4. John 12:24, 25, 26a-d, NKJV
5. Luke 20:1-2, NKJV
6. Luke 20:3-4, NKJV
7. Luke 20:5-7, NKJV
8. Luke 20:8, NKJV
9. Matt 12:1, NKJV
10. Matt 12:2, NKJV
11. Matt 12:3-7, NKJV
12. Mark 2:27-28, NKJV
13. Mark 3:4, NKJV
14. Matt 21:28-30, 31a, NKJV
15. Matt 21:31b,c, NKJV
16. Matt 21:31d-f, NKJV
17. Luke 12:16-20, TEV
18. Luke 12:15, TEV
19. Mark 8:27, NKJV
20. Mark 8:28, NKJV
21. Mark 8:29a,b, NKJV
22. Mark 8:29c,d, NKJV
23. John 11:38a, RSV
    Luke 16:1-11, TEV
24. Mark 10:17, NKJV

25. Mark 10:18, NKJV
26. Mark 10:19, TLB
27. Mark 10:20, NKJV
28. Mark 10:21, NKJV
29. Mark 10:22, NKJV
30. Mark 10:23-25, NKJV
31. John 9:39, TAB
    Matt 10:24, 25a,b, NKJV
32. Matt 20:25b,c, 26-28, NAB
33. Luke 13:18a, NKJV
    Matt 13:31b,c, 32, TEV
34. Matt 13:33, NAB
35. Luke 10:38a, NKJV
    Luke 10:38c, TAB
    Luke 10:38c, 39, NKJV
36. Luke 10:40, NKJV
37. Luke 10:41-42, NKJV
38. Luke 11:1a-f, NKJV
39. Luke 11:2a,b, NKJV
    Matt 6:5b-g, NKJV
40. Matt 6:6a-e, NKJV
    Matt 6:7a, NIV
    Matt 6:7b,c, 8a,b, NKJV
    Luke 21:36d, KJV
    Matt 6:8d, NKJV
41. Matt 6:9-10, NKJV
42. Luke 11:3, NIV
43. Matt 6:12a, TLB
    Matt 6:12, TEV
44. Matt 6:13, NKJV
45. Luke 11:39a, TLB
    Luke 11:5b-e, 6-10, 11a, TEV
    Luke 11:11d, NKJV
    Luke 11:12-13, TEV
46. Luke 14:25-26, 28-30, 33, NKJV
47. Mark 10:26, NKJV
48. Luke 9:23, NKJV
49. Luke 6:40, NKJV
50. Luke 9:24b,c, NKJV
51. Luke 9:25, NKJV
52. Matt 13:52, NIV
53. Matt 12:14a, NKJV
    Matt 12:14b, 15a,b, NIV

Seven

1. Mark 4:1, NKJV
2. Mark 4:2-8, NKJV
3. Matt 13:9, NKJV
4. Matt 13:10, NIV
5. Matt 13:11, 13-17, NIV
6. Matt 13:18-22, NIV
7. Mark 4:20, NKJV
8. Matt 7:21, NKJV
9. Luke 6:46, NKJV
10. Matt 7:24-25, NKJV
11. Matt 7:26-27, NKJV
12. Matt 7:28, NKJV
13. John 7:33a, 37c-f, 38, NKJV
14. Matt 21:12, NKJV
    Luke 19:46, TLB
15. Luke 19:47-48, TLB
16. Mark 11:19, NKJV
17. Matt 27:62a, TAB
    Luke 19:41-42, NIV
18. Matt 23:1, 2a, NKJV
    Matt 7:12b-d, RSV
19. Matt 5:20, NKJV
20. Matt 12:33-35, RSV
21. Matt 11:6, NKJV
22. Matt 18:15, 19, TLB
    Matt 18:20, RSV
23. Mark 3:24-25, NKJV
24. Mark 4:21, NKJV
    Matt 10:27, NKJV
    Mark 4:22, NKJV
25. Matt 5:13-14, NKJV
    Matt 5:16, RSV
26. John 8:12, NKJV
    John 12:35, 36a-c, NKJV
27. Mark 7:14c-e, 15, NKJV
    Mark 7:21-23, NIV
    Mark 7:16, NKJV
28. Matt 10:34-36, NKJV
29. Matt 11:27, NKJV
30. Luke 4:18-19, TEV
31. Matt 5:38-39, 40a-c, TLB
    Mark 1:38c, TLB
    Matt 5:41-42, TLB
32. Matt 5:43, TLB
    Luke 6:27-28, NKJV
    Matt 5:45, TLB
33. Matt 5:46-47, TLB
    Luke 6:35, NKJV
34. Luke 6:36a, NKJV
    Matt 5:48b,c, TLB
35. Matt 5:24d, KJV
    Matt 9:12b, KJV
    Luke 12:1f,g, NIV
36. Luke 12:4-5, NIV

37. Luke 14:12a,c--i, 13, 14a,b, NKJV
38. Luke 14:16a,c, 17-23, NKJV
39. Matt 19:28a, NKJV
    Luke 12:48d,e, NKJV
    Matt 19:29, NKJV
    Luke 13:30, NASB
40. John 7:44, NKJV
41. John 7:45, NKJV
42. John 7:46, NKJV
43. John 7:47, NKJV
44. Matt 21:17, NKJV

Eight

1. Matt 21:18-19, NKJV
2. Matt 21:20, NKJV
3. Matt 21:21, NKJV
4. Matt 16:1, NKJV
5. Matt 16:2a, NKJV
   Luke 12:54c-f, 55, 54a, NKJV
   Matt 16:2b-d, 3, NKJV
6. Matt 22:15, 16b-f, 17, NIV
7. Matt 15:24b, TEV
   Matt 22:19-20, NIV
8. Matt 22:21a,b, NIV
9. Matt 22:21c-e, NIV
10. Matt 22:22, TLB
11. Luke 20:45, TLB
    John 15:1-2, 4-6, 8a,b, NKJV
12. John 15:18, NKJV
13. Matt 10:16b, NIV
    Matt 10:17-18, RSV
14. Matt 10:19-20, RSV
15. John 15:19-22, NKJV
16. John 16:1-3, NKJV
17. Matt 5:21-24, TEV
18. Mark 11:25-26, NKJV
19. Matt 5:33, 34a,b, 37, TEV
20. Matt 5:31, 32a, TEV
    Mark 10:11b,c, 12, TLB
21. Mark 10:2a,b, TLB
22. Mark 10:3, TLB
23. Mark 10:4a,b, TLB
24. Mark 10:5-9, TLB
25. Matt 19:10, NIV
26. Matt 19:11a, NIV
    Matt 5:27-28, TEV
27. Mark 9:43a, TEV
    Mark 9:43b,c, 45a,b, 47, NIV
28. Matt 19:11b,c, 12, NIV

29. Mark 12:18-23, NIV
30. Mark 12:24-27, NIV
31. Mark 12:28, NIV
32. Mark 12:29-31, NIV
33. Mark 12:32-33, NIV
34. Mark 12:34a-c, NIV
35. Mark 12:34d, NIV

Nine

1. John 13:1, 3, TEV
2. John 13:4-5, TEV
3. John 13:6, TEV
4. John 13:7, TEV
5. John 13:8a,b, TEV
6. John 13:8c-e, TEV
7. John 13:12-17, TEV
8. John 13:33-35, NKJV
9. John 15:9-11, NKJV
10. John 15:13-15, NKJV
11. John 15:12, NKJV
12. Matt 16:20a, TAB
    Luke 14:7b, 8a-c, NKJV
    Luke 14:9-11, NAB
13. Matt 25:1-12, TLB
14. Matt 24:27, NKJV
    Matt 24:36-39, TEV
15. Matt 23:1a, TAB
    Matt 24:4b,d, 11a, 12-13, NAB
16. Matt 25:13, NASB
17. Matt 18:19a, 23b, TAB
    Matt 20:1b, 2-15, NKJV
18. Luke 17:7-10, TEV
19. Matt 25:14-25, 26a-c, 28b,c, 29, NASB
20. Matt 22:11a, KJV
    Matt 25:31b-d, 32-45, NKJV
21. Matt 24:45-46, 48-51, NIV
22. Matt 26:1-2, NKJV
23. Matt 26:3-5, NKJV
24. Matt 26:36-41, TEV
25. Matt 26:42-43, TEV
26. Matt 26:44a,b, TEV
    John 17:1b-g, 2, 3a-c, 4, 5a-c, 11d-f,
       15-16, 17, 18, 25-26, NKJV
27. Matt 26:45, TEV

Ten

1. Mark 14:43a,b,f,g, NKJV
   Matt 26:55, TEV

      Luke 22:53c,d, NKJV
      Mark 14:46, NKJV
2. John 18:13, NKJV
    John 18:24, 14, NAB
3. John 18:19, RSV
4. John 18:20-21, RSV
5. John 18:22, RSV
6. John 18:23, RSV
7. Mark 14:55-59, NASB
8. Mark 14:60, NASB
9. Mark 14:61a, TEV
10. Mark 14:61c-f, NASB
11. Mark 14:62a,b, NKJV
12. Matt 26:65, 66a, NKJV
13. Matt 26:66b,c, NKJV
14. Matt 26:67-68, NKJV
15. Matt 27:1-2, NKJV
16. Matt 27:11a-d, NKJV
17. John 18:34, NASB
18. John 18:35, NASB
19. John 18:36, NASB
20. John 18:37a,b, NASB
21. John 18:37c-h, NASB
22. John 18:38, NKJV
23. Matt 27:15-18, NASB
24. Matt 27:19, NASB
25. Matt 27:20, NASB
26. Matt 27:21a,b, NASB
27. Matt 27:21c,d, NASB
28. Matt 27:22a,b, NASB
29. Matt 27:22c,d, NASB
30. Matt 27:23a-c, NASB
31. Mark 15:14d,e, NASB
32. Matt 27:24a-e, NASB
33. Matt 27:25, NASB
34. Matt 27:27a, 28, 29a-c, NKJV
35. Matt 27:29d-g, 30, NKJV
36. John 19:4, NKJV
37. John 19:5, NKJV
38. Matt 27:31, TEV
39. Matt 27:32, NKJV
    Luke 23:27, NKJV
40. Luke 23:28-29, NKJV
41. Luke 23:33a,b, 38, NKJV
42. Matt 27:38-39, NKJV
43. Matt 27:41-44, NKJV
44. Luke 23:34a-d, NKJV
45. Matt 27:45-46, NKJV
46. John 19:28a,b,e,f, 29-30, NKJV
47. Matt 27:57-60, NKJV

48. Matt 27:62a,c, 63-64, NKJV
49. Matt 27:65, NKJV
50. Matt 27:66, NKJV
51. Matt 28:1-4, NKJV
52. Matt 28:5-7, NKJV
53. Matt 28:8, NKJV
54. Matt 28:9-10, NKJV
55. Matt 28:11-14, 15a, NKJV
56. Matt 28:16, NKJV
57. Matt 28:18a, KJV
    Matt 28:18b-d, 19a, 20a-d, NKJV

Tenacity

One

1. 2 Peter 1:2-4, NKJV
2. 2 Cor 4:7-11, NKJV
3. Acts 14:22b, NIV
4. James 1:2-3, NKJV
5. 2 Cor 4:16, NKJV
6. Acts 24:16, NKJV
7. 2 Cor 6:4-7, NKJV
8. Eph 6:10-12, 14-15, NASB
   Eph 6:17a,b, NASB
9. Romans 8:1-2, 5, NKJV
   Romans 8:6, NASB
   Romans 8:13-14, NKJV
10. Romans 7:6, NKJV
11. 2 Cor 3:17, NKJV
12. Gal 4:8-10, TEV
    Gal 5:1, TEV
13. Gal 5:16, RSV
14. Gal 5:19-22, TLB
    Gal 5:23, NIV
15. Gal 5:24-26, NASB
16. Gal 6:8, 10a, NKJV
17. Eph 5:17-18, NIV
18. James 1:5, TEV
19. James 1:21-25, NAB
20. James 2:1-6, 8-13, RSV
21. 1 Peter 4:8, NAB
22. James 4:11-12, TLB
23. Romans 2:1, NKJV
24. Romans 2:13-14, NAB
25. Romans 14:13, NAB
26. Romans 2:17-24, TLB
27. Romans 2:28-29, NKJV
28. Romans 3:1-19, RSV
29. Romans 3:29, TEV
30. Acts 10:34b-35, NKJV
31. Romans 2:9-10, NKJV
32. Romans 12:1-2, NAB
33. Romans 6:12-13, TEV
34. Romans 6:17-18, TLB
35. 1 Tim 1:17, NKJV

Two

1. 2 Cor 1:3-4, NKJV
2. 2 Cor 3:4-6, NKJV
3. Gal 6:1-5, TEV
4. 1 Tim 4:12, NKJV
5. 2 Tim 2:22-25, NIV
6. Romans 14:17-18, NKJV
7. Romans 14:19, NASB
8. Romans 15:1-2, NIV
9. Romans 13:13, TEV
10. Romans 13:14, NAB
11. Romans 15:5-6, RSV
12. Romans 12:9-18, 21, RSV
13. Romans 13:8-10, TEV
14. Jude 2, NAB
15. Acts 28:30-31, TLB

Three

1. Romans 1:7, NKJV
2. Gal 2:20, NKJV
3. 1 Cor 1:18-25, NAB
4. 1 Cor 3:18-19, NKJV
5. 1 Cor 15:50, 54, RSV
6. 1 John 2:15-17, NKJV
7. James 1:9-11, NAB
8. 1 Tim 6:11, TEV
9. 1 Tim 6:3-5, NASB
10. 1 Tim 6:7-10, TEV
11. 2 Cor 7:10, NKJV
12. 1 John 5:20, NKJV
13. 3 John 2a, NASB
14. 2 Cor 13:11-12, 14, NKJV

Four

1. 1 Tim 1:1, 2b, NKJV
2. 1 Cor 14:37, NKJV
3. 1 Cor 6:1, 7, 6, NIV
4. 1 Cor 7:1, NKJV
5. 1 Thess 4:3, 4, 7, NIV
6. 1 Cor 6:12, NKJV
7. 1 Cor 6:15-16, TLB
8. 1 Cor 3:16, NKJV
9. 1 Cor 14:20, TLB
10. 1 Cor 10:12, 13a, RSV
11. 1 Cor 7:2-3, 6-7, NIV
12. 1 Cor 4:7, NIV
13. 1 Cor 7:8-9, NIV
14. 1 Cor 7:33-34, 38, TEV
15. 1 Cor 10:23, TEV
16. 1 Cor 14:26, NASB
17. 1 Cor 10:31-33, NKJV
18. 1 Cor 10:24, TEV

19. 1 Cor 9:16, 18-19, TLB
20. 2 Cor 4:1-4, 6, NKJV
21. 2 Cor 6:11-12, NIV
22. Gal 4:16, NKJV
23. 2 Cor 6:13, NIV
24. 2 Tim 1:7, NKJV
25. Hebr 3:12-13, NKJV
26. 1 Cor 15:33, 34a, NKJV
27. 1 John 2:27, TEV
28. Hebr 8:10-12, NKJV
29. Gal 3:26-28, NKJV
30. Gal 3:22, NKJV
31. 1 John 2:21, NAB
32. 1 John 3:1a, NIV
33. 1 John 3:23, NAB
34. 1 John 4:7-12, TEV
35. 1 John 4:16b, NKJV
36. 1 John 4:18, NKJV
37. 1 John 4:20-21, NKJV
38. 1 John 3:17, NKJV
39. 1 John 3:16, TEV
40. 1 John 3:18, NKJV
41. 1 John 1:5-10, NKJV
42. 1 John 2:9, NIV
43. 1 John 2:10a, 11, NKJV
44. 1 Cor 14:1a, NIV
45. 1 Cor 13:1-4, 5a-d, TLB
    1 Cor 13:5d, NIV
    1 Cor 13:6-13, TLB
46. Gal 5:13-14, TLB
47. Gal 5:15, TEV
48. Col 3:9-10a, NKJV
    Col 1:9b-10, NKJV
    Col 3:11, NKJV
49. Col 3:12-16a, 17, NKJV
50. Gal 1:10, NKJV
51. Phil 1:21-24, NKJV
52. Phil 2:14-15, NKJV
53. Phil 2:1-4, NKJV
54. Phil 4:5, NIV
55. Phil 4:6-8, RSV
56. Gal 6:16a, 18, NKJV

Five

1. 1 Peter 1:1a, 3a, NKJV
2. Eph 5:15, NIV
3. Eph 5:8-10, NASB
4. Eph 4:25, 28-29, TLB
5. Eph 4:32, NKJV
6. Eph 4:17-24, NIV
7. Eph 2:1-3, NKJV
8. Eph 4:1-6, TEV
9. Eph 4:7, 16, 13-15, TEV
10. Eph 5:1-2a, 3-4, NIV
11. 2 Cor 8:9-15, NKJV
12. 2 Cor 9:6-7, NIV
13. Hebr 12:14, RSV
14. Hebr 13:1, TLB
15. Hebr 13:2, NASB
16. Hebr 13:5a, NASB
    Hebr 13:5b, TEV
17. Hebr 12:1b-2a, NIV
18. Hebr 5:8-9, NASB
19. Hebr 9:16-17, NASB
20. Phil 2:8-9, NASB
21. 2 Cor 6:1, NKJV
22. Hebr 5:12-14, NASB
23. James 3:13-18, TLB
24. James 4:1-3, TEV
25. James 4:4, NIV
26. James 4:5, 7, RSV
27. James 4:8, NASB
28. James 4:10, NKJV
29. 2 Cor 10:17-18, RSV
30. 2 Cor 10:3, NIV
31. 1 Thess 5:14, 15, 19, TEV
    1 Thess 5:21, 22, TEV
32. 1 Thess 3:12a, NKJV
33. 1 Thess 4:9, 10b-12, NKJV
34. 1 Cor 14:40, NKJV
35. 1 Cor 14:33a, NKJV
36. 2 Thess 3:11-12, TEV
37. 1 Tim 1:5-7, NASB
38. Jude 16, NKJV
39. 3 John 11, NKJV
40. 1 John 4:1, NKJV
41. 1 John 3:10-11, NKJV
42. 1 John 2:3, 4, NAB
43. 1 John 2:5-7a, NKJV
44. 1 John 3:4, 6, NKJV
45. 1 John 3:13, NKJV
46. 1 Peter 3:13, TEV
47. 1 Peter 2:15, 16, NKJV
48. 1 John 3:14-15, NKJV
49. 1 Peter 3:8-9a, NAB
50. 1 Peter 2:11, NKJV
51. 1 Peter 1:22-23, NKJV
52. 1 Peter 5:14, NIV

Six

1. Hebr 1:1-2a, NKJV
2. Hebr 2:1, NKJV
3. James 3:1-12, NIV
4. James 1:19-20, NAB
5. James 1:26, NAB
6. James 4:13-16, NKJV
7. James 5:1-3a, RSV
8. James 5:4, NIV
9. James 5:5, TLB
10. James 5:6, NASB
11. James 5:19-20, NKJV
12. James 5:12, NKJV
13. James 2:14-17, TLB
14. James 2:18, NASB
15. James 2:26, TLB
16. James 1:27, TEV
17. Titus 2:11, TEV
    Titus 2:12, NASB
18. 1 Tim 4:8a, NKJV
19. 2 Peter 1:5-9, NKJV
20. 2 Cor 13:5, RSV
21. 2 Peter 1:10, NKJV
22. 1 John 1:3-4, NKJV
23. 1 Cor 16:13, 14, 24, NKJV

Sapiency

One

1. Jer 30:6c, KJV
   2 K 17:34g, KJV
   Jb 33:15a,b, NIV
   Es-H 7:7c, KJV
   Ps 89:41c, KJV
   Lv 26:36b, KJV
   Jb 33:15a,e, NKJV
2. 1 K 18:27d-g, NKJV
   Ec 7:14d, KJV
   Ps 104:4a, NKJV
   Ps 55:17f, KJV
   1 K 18:27h-k, NKJV
3. 1 K 18:28a, NKJV
   2 Chron 18:31g, KJV
   1 K 18:29d,f, NKJV
4. 1 K 3:15a,b, NKJV
5. 2 Chron 18:16a-d,g, NKJV
6. 2 Chron 18:16h, NKJV
7. 2 Es 5:20c, 21, 22, TEV
8. Dan 6:3b, NKJV
   Gn 31:12b, 13a, KJV
   Jb 19:26c, NASB
   Jb 19:27a,c,d, NKJV
9. Dan 10:1b,e,g, NKJV
10. Dan 2:30b,c, NKJV
    2 Es 13:53b, 54, 55, TEV
11. Tb 12:11c, TEV
12. Pr 4:20b,c, 21, 22, NKJV
13. Dan 11:32c, NKJV
14. Ex 23:7a, TLB
    Ex 23:7b, NAB
15. Jer 37:9b, NKJV
16. Pr 13:16a, NKJV
17. Jb 34:33c, NKJV
    Ps 72:15b, KJV
    Jb 34:33d,e, NKJV
    Josh 10:6f, KJV
    Jb 34:33f, NKJV
    Gn 42:16d, NKJV
18. Pr 8:5, 6, 7a, NKJV
19. Jb 15:17, NKJV
20. 2 K 19:10c, NKJV
21. Hos 5:9b, NKJV
    Jb 5:27a,d,e, NKJV
22. Jb 13:17a,b, NKJV
23. Ws 6:22-24, TEV
24. Ws 6:25, TEV
25. Sir 51:23, 24, 25a, NAB
    Sir 51:25b, TEV
    Sir 51:26, 27a, NAB
    Sir 51:26c, TEV
    Sir 51:27b,c, NAB
26. 2 Es 5:16f, TEV
    Num 32:30c, KJV
    Judges 16:26b, KJV
27. Pr 17:5a, NIV
28. Is 55:1b-i, 2, 3a-d, NKJV
29. Ps 22:26a, NASB
30. Is 60:5a,b, NKJV
    Jer 31:7c, KJV
    Is 12:3b, NKJV
    Song 8:10d, RSV
31. Ps 31:20b,a,c, NKJV
    Ps 31:20d, NIV
32. Ps 16:11a, NKJV
    Jer 18:17c, NASB
    Ps 16:11c-e, NKJV
33. 1 K 8:61a, NKJV
34. Ps 119:165, NKJV
35. Ps 24:4, NKJV
    Is 27:5c,d, NKJV
36. Ps 24:5, NKJV
37. Jb 22:21, NKJV
38. Dt 10:12c,e,f,h-j, 13a,c, NKJV
39. Dt 5:29a,b, NKJV
    Dt 5:29b, TAB
    Dt 5:29d, NIV
    Dt 5:29e, NAB

Two

1. Ps 1:1, 2a, NKJV
   Ps 1:2f, TAB
   Ps 1:2c, 3, NKJV
2. Ps 112:1b,c, NKJV
3. 2 Chron 6:41j, NKJV
   1 Sam 17:9h,e,g, RSV
   Dan 6:20g, NKJV
4. 1 Chron 16:29e, NKJV
5. Ps 47:7b, NKJV
6. Pr 8:13a,d, NKJV
   Pr 8:13c, NIV
7. Pr 10:16, NKJV
8. 2 Es 8:36b,c, TEV
   Ps 9:15b,d, KJV
   2 Es 8:36e, TEV

9. Ps 52:1, NKJV
10. Ec 8:11, NAB
    Ec 8:12a, NKJV
    1 Sam 12:25b, KJV
    Ec 8:12c-e, NKJV
    Ec 8:12f,h, NASB
11. Jer 22:13, NASB
    Jer 22:14b,c, TEV
    Jer 22:14c, NKJV
    Jer 22:14d,e, NASB
12. Jer 22:15, NAB
13. Jer 22:16a, NKJV
    Jer 22:16b, TLB
    Jer 32:31b, KJV
    Jer 22:16d, TEV
14. Jer 22:17a,c, NKJV
15. 1 Chron 22:12b, NKJV
    Dan 9:23b, 22f, NKJV
16. Ec 12:12d,e, NKJV
    Pr 16:22b,a, NKJV
17. Ws 3:15, TEV
18. Sir 38:9b,c, 4, 7, TEV
19. Sir 37:27b-d, 28, 29, TEV
20. Sir 19:2, 3a, TEV
21. Sir 36:21c, 22, 23, TEV
22. Sir 36:24a, TEV
    Sir 26:1b, NAB
    Sir 36:24b,c, TEV
23. Sir 7:18, TEV
24. Sir 6:14, 15, 16a, TEV
25. Dt 18:2b, KJV
    Ex 34:6d, NKJV
    Ec 7:8c, KJV
    Ex 34:6f, NKJV
26. Ex 17:7e, NKJV
27. 2 K 4:16f,g, NKJV
28. 1 K 22:16b, NKJV
29. Ezek 34:4, NKJV
30. Jb 42:7d,f, NKJV
31. Mal 2:9a, NKJV
    Lv 14:2c, KJV
    Mal 2:9c,d, NKJV
32. Dt 25:2g, KJV
    Lv 14:11b, NKJV
    2 Sam 12:8f, KJV
    2 Chron 6:40d, TEV
    Is 38:1c,f, NKJV
    1 Macc 6:8c, TEV
    Pr 23:35f, KJV
    Nah 2:10g, KJV

Ezra 4:6d, KJV
1 Macc 6:8e, TEV
Ec 3:12d, KJV
33. 1 Macc 6:9c, TEV
    Lv 5:6b, NAB
    Ps 10:14d, NASB
    Ezra 7:18d, RSV
    1 K 1:6b, NKJV
    Dan 9:9, NKJV
34. Jb 13:1-3, NKJV
35. Jb 42:5, NKJV
36. Ps 119:66, NKJV
37. Ps 119:29a, NKJV
38. Ps 119:50b, NKJV
39. Ps 49:1-4, NKJV
40. Ps 119:99-100, NKJV
41. Ps 119:104, NAB
42. Ps 17:5, NKJV
43. Lam 4:17g,i, TAB
    Dan 9:13c,f,g, TAB
44. Ps 119:47b,c, 48, NKJV
45. Ps 119:93a,b, NKJV
    Ps 119:93c, NASB
    1 Chron 15:26b, TAB
    Pr 10:17b, KJV
    Ps 119:96g, TAB

Three

1. Pr 21:30, NKJV
2. Sir 1:8a, TEV
   Bar 3:32a, TEV
   Sir 1:8c, 9, 10, TEV
3. Jb 8:9, NKJV
   Ps 102:27a, 24d, NKJV
4. Ec 7:23b-d, 24, NKJV
5. Jb 28:20a, 28b,c,e,f, NKJV
6. Pr 15:31, NKJV
7. Sir 4:17-18, TEV
8. Judges 16:7e, KJV
   Jb 38:1c, 17, NKJV
9. 2 Es 7:75f,g, TEV
10. Jb 6:11d,e, NKJV
11. Ec 12:8a,c, NKJV
12. Ec 2:18, 19a, NKJV
13. Ec 2:21a-e,g, NKJV
14. Ec 2:22a, NIV
    Ec 2:22c, NKJV
    Ec 2:24a, NIV
    Jb 2:3h, KJV

    Ec 2:21d, NIV
15. Ws 1:11b-f, TEV
16. 1 K 2:44b,c,e, NKJV
    Sir 11:18-19, TEV
17. Ws 7:1-6, TEV
18. Ec 5:15, NKJV
19. Jb 13:28, NKJV
20. Sir 28:6a-d, TEV
    2 Chron 25:16f,m, KJV
    Sir 28:6e, TEV
21. Sir 28:7b,c, TEV
22. Sir 1:27, TEV
23. Ps 100:3c,d, NKJV
24. Sir 27:25-27, TEV
25. Sir 17:22a, TEV
    Ezek 46:5c, NKJV
    Sir 17:22b,c, TEV
26. Pr 25:27c, NKJV
27. Pr 13:7, NKJV
28. Pr 27:1, NKJV
29. Zc 8:19g, NKJV
30. Pr 14:29a, NKJV
    2 Es 4:34b-d, TEV
31. Sir 1:22-24, TEV
32. Ec 7:9, NKJV
33. Pr 15:18a, NKJV
    Pr 15:18b, NIV
34. Jer 44:4b,d-f, 5a, NKJV
    Ws 13:6a, TEV
35. Jer 31:31a,b,d, 32a,c,d, NKJV
36. Jer 31:33a,d-g, NKJV
37. Jer 31:34a-f, NKJV
    Jer 31:34g, TLB
    Jer 31:34i,j, NKJV
38. Ps 119:71a, NKJV
    Ps 34:18a,e,c, NKJV
    Ps 34:18c, TEV
    Ps 34:18d,b, KJV
39. Ps 138:3, NKJV
40. Ps 35:3c,d, NKJV

Four

1. Sir 3:19, TEV
2. Jb 32:9, NKJV
3. 1 Sam 15:22b-e, NKJV
4. Hos 6:6a, NAB
    Hos 6:6b, NKJV
    Hos 6:6b,d,e, TLB
5. Hos 14:8b, NKJV

6. Jon 2:8, NKJV
7. 1 Chron 21:25a, 23h, NKJV
    Dan 4:17c, NKJV
    Es-H 4:16i,j, NKJV
8. Mic 2:7d, NKJV
9. Ps 107:43, NKJV
10. Jb 6:19c, 14a,b, NKJV
    Jb 16:7a, 2b, NKJV
11. Neh 8:10g, 11c,e, NKJV
12. 1 Chron 19:2c, NKJV
13. Pr 21:3, NKJV
14. Zc 8:13e,f, NKJV
15. Ec 9:16b-d, NKJV
16. Jb 12:5a, NKJV
17. Jb 18:21, NKJV
18. Pr 9:7-9, NKJV
19. Sir 8:3, TEV
20. Pr 10:19, NKJV
21. Pr 12:18, NKJV
    Es-H 9:30c, NKJV
22. Is 26:7, NKJV
23. Jb 35:13, NKJV
24. 2 K 10:13c, NKJV
25. Jb 15:14, NKJV
26. Ec 7:20, NASB
27. Is 66:1, NKJV
28. Ps 51:6a,b, NKJV
    Ps 51:8d, NAB
    Ps 51:6d, NKJV
29. Ws 1:3a, TEV
30. Pr 13:5a, NKJV
31. Ps 69:32b,c, NKJV
32. Sir 27:8-9, TEV
33. Hab 2:4, NKJV
34. 1 K 9:4b, TLB
    1 K 9:4b, TEV
    1 K 9:4d, RSV
35. Ps 139:1, NKJV
36. Pr 11:5a, NKJV
37. Hos 13:14a,d,g,h, NKJV
38. 2 Chron 34:28b,c, NKJV
    Hag 2:9c, NKJV
39. Bar 3:9, TEV
40. Sir 25:3, TEV
41. Pr 15:33a, NKJV
42. Pr 1:7a, 2c, 3a,d, 4b-d, NKJV
43. Pr 1:5, NKJV
    Pr 21:1c, TAB
    Pr 1:6b,c, NKJV
44. Sir 21:13-14, TEV

45. Pr 13:20a, NKJV
    Pr 13:20b, RSV
46. Pr 14:2d,b, RSV
47. Is 51:7-8, NKJV
48. Is 51:9a-c, 11c, 12d, 13c,e,a, 12c, NKJV
49. Sir 33:19, 20a, TEV
    Sir 33:21b, NAB
50. Is 2:5a,b, NKJV
    2 Chron 30:22b, NKJV
    Is 2:5c, NKJV
51. Hos 14:9a-e, NKJV
    Hos 14:9f, TLB
    Hos 14:10c, NAB
    Hos 14:9g, NKJV
52. Ex 22:31a, NKJV
53. 1 K 2:6b, NKJV
    Mic 6:5e, NKJV
    Ps 89:2d, KJV
    Mic 6:5g, NKJV
54. Jb 37:24b, NKJV
55. Sir 24:31-32, TEV
56. Sir 50:28-29, TEV

Probity

One

1. Ps 32:2a,d, NKJV
2. Pr 9:15c, NIV
   Ps 37:17a, NASB
   Ps 37:23b,c, NKJV
   1 K 1:52b, NAB
3. 2 K 10:6b, TLB
   Ps 100:2a, NKJV
   Ob 17c, NKJV
   Ps 103:18c, NKJV
4. Ps 126:6, NKJV
5. Is 35:8d,b,e,h, NKJV
   Is 35:8g, KJV
   Is 35:8j,k, NKJV
6. Is 38:15d, NKJV
   Ps 25:21a, NKJV
7. Ezek 11:19c,d, NKJV
   Ezek 11:19c, NAB
   2 Chron 29:31g, NKJV
   Neh 5:19c, NKJV
   Ps 95:8a, NKJV
   2 Es 2:24a, TEV
   Ps 95:7f, NKJV
   Ps 118:24c, KJV
8. Pr 28:20, NKJV
9. Ps 119:69, NKJV
10. Ps 119:94a, NKJV
    Zc 8:8d, NKJV
    Ps 38:20b, TAB
11. Pr 11:3a, TLB
12. Pr 20:6a,c,b, NKJV
    Pr 20:6b, TAB
    Pr 20:6e, NKJV
13. 2 K 10:15e, NKJV
14. Tb 12:7d,e, TEV
15. Ps 26:11a,b, NKJV
16. Ps 119:101, NKJV
17. 2 K 21:22c, NKJV
18. Ps 125:4, NKJV
19. Ps 119:36, NKJV
20. Pr 28:6, NASB
21. Lv 19:15b, NKJV
    Lv 20:8b, TAB
    Lv 19:15c,e, NKJV
    Pr 24:23b, NKJV
    Lv 19:15f, NKJV
22. Dt 1:17c,d, NKJV
23. Jer 9:23b,d,e,g,h,j, 24a-g, NKJV
24. Ps 40:11a-c, NKJV
    Ps 40:12h,f,e, NAB
    Ps 40:11e, NKJV
25. Ps 145:9a, NKJV
26. Ps 145:18, NKJV
27. Ezek 11:11b, RSV
    Jer 29:11d, KJV
    Lv 6:2f, KJV
    Jer 21:8d, KJV
28. 2 K 19:30b,c, NKJV
29. 1 Chron 22:16b, NKJV

Two

1. 1 K 20:22d,e, NKJV
2. 2 K 9:17h, NKJV
3. Ps 120:6-7, NKJV
4. 2 Sam 18:5e, NKJV
   2 Chron 18:30c, NKJV
5. Ps 68:30d, NKJV
6. Ezek 14:22i,j, TAB
   1 Sam 8:11c, NKJV
   Ps 107:40c, TAB
   Jb 41:32c, KJV
   Hos 9:7d, NKJV
   Hos 9:7g, TAB
   Hos 9:7e, NKJV
7. Pr 18:2a, KJV
   Pr 12:9b, NASB
   Hos 7:11b, TAB
8. 2 K 18:31c, NKJV
9. Sir 33:29b,c, TEV
10. Ws 12:19b, TEV
    Ps 16:6d, KJV
    Ps 31:21c, KJV
11. Ps 119:32, NKJV
12. Ps 112:4a, NKJV
    Ps 112:4b, TEV
    Ps 112:4c-e, NKJV
13. Ps 112:5, NKJV
    Ps 37:26a,c, NKJV
14. Ex 25:2c, NKJV
    Pr 11:17, NKJV
15. Ps 119:104c, TEV
16. Judges 7:2e,c, KJV
    Ec 8:9c, NKJV
17. Jb 34:30b,c, NKJV
18. Pr 14:31, NKJV
19. Es-H 10:3c, NKJV

20. Hag 2:15b, NKJV
    Ezek 7:8c, NIV
    Dt 15:16d, RSV
    Ps 106:35b, NIV
21. Pr 25:16, NKJV
22. Sir 31:27-29, TEV
23. Sir 7:15, TEV
24. Pr 20:3a, NKJV
    Pr 25:20b, TLB
    Pr 20:3c,d, NKJV
25. Ec 7:8c, NKJV
26. 2 Chron 31:18f, NKJV
    Pr 9:15b, NAB
    Ps 33:15b, NIV
    1 Sam 8:9c, TLB
    1 K 8:36d, NKJV
    Ezek 14:22g, NASB
27. Sir 18:15, TEV
    Zc 1:13c, NKJV
    Sir 18:16b, 17-18, TEV
28. Pr 15:1, NKJV
29. Sir 21:20c, NAB
    Sir 21:21b, TEV
    Sir 21:20e, NAB
    Sir 21:21d, TEV
30. Ec 9:17a, NAB
    Sir 32:10, TEV
31. Sir 3:17b,c, TEV
32. Sir 3:18, TEV
33. Sir 11:8a, TEV
    Sir 11:8a,b, NAB
34. Sir 5:11, 12a, TEV
    2 Sam 18:13a, KJV
    Sir 5:12c, TEV
35. Sir 13:9, 10a,b, 11, TEV
36. Is 7:15c, NKJV
37. Ex 23:2a, NKJV
    Ex 3:3c, RSV
    Ex 23:2b, NKJV
    Jb 8:3c,b, NASB
    Ps 106:39b, TEV
38. 2 K 23:3c, NKJV
39. Pr 3:3d,b,f,g, NKJV
    Pr 3:4a, NIV
    Pr 3:4b, NKJV
40. Ws 1:1a,c,d, TEV
    Pr 2:20, NKJV
41. Sir 5:1-2, TEV
42. Pr 13:11a, NKJV
    Pr 13:11b, NASB

1 K 4:24d, NKJV
43. Joel 2:26a, NKJV
    Pr 3:23b, 24, NKJV

Three

1. Sir 11:4a, TEV
   Mic 2:3e, NKJV
2. Zp 3:11d, NAB
   Ps 75:4b,d, NKJV
3. Jer 7:3d,f, NIV
   2 K 10:5j, NKJV
   Ezek 38:16d, NKJV
4. 2 Macc 9:27a, TEV
   Nah 2:11f, TLB
5. Amos 6:1a, NKJV
   1 Sam 8:11c, NASB
   Pr 11:3c, NIV
6. Judges 7:11b, KJV
   Ru 2:4d, NKJV
   2 K 10:6e, RSV
   Jer 50:21g, NASB
   Dt 24:22e, TAB
7. 2 Chron 19:2c, NKJV
8. Tb 1:8b,c,e, TEV
9. Is 66:15c, KJV
   Ru 2:4g, NKJV
   2 Sam 3:35d,e, NKJV
10. Jb 15:6b, TLB
    Jb 30:29b, TEV
    Jb 34:10d,f, NASB
    Jb 13:23, KJV
    Ezek 36:20a, 21a, NIV
    Is 55:1e, KJV
    Dan 9:22f, KJV
11. 2 K 1:6a, NAB
    Es-G D:13c, 14d,b, TEV
    Es-G D:14c, NAB
12. 2 Chron 24:22h, TAB
    Pr 25:21, 22c, TLB
13. 1 Sam 20:15b, NKJV
14. Ex 23:4, 5a, NASB
    Ex 23:5d, TAB
    Ex 23:5c, RSV
15. Pr 24:17, NKJV
16. 1 Sam 29:9c, NKJV
17. Mal 2:6, NKJV
18. 1 Sam 18:3c, NKJV
    1 Sam 18:3b, RSV
19. 1 Sam 23:21b,c, NKJV

20. 1 Sam 20:4b,c, NKJV
21. 2 Chron 19:11g,h, NKJV
22. 2 K 2:9h, NKJV
23. Ps 119:34a, NKJV
    Ps 119:125d, TAB
    Ps 119:34d,e, NKJV
24. Ezek 21:26e, NKJV
    1 K 8:50c, NKJV
25. Pr 31:8a, NKJV
    Pr 31:8b, NAB
    Pr 31:8c, NKJV
26. Pr 31:9b-d, NKJV
    1 K 8:50f, NKJV
27. Ps 72:14e,d,c,f,a, NKJV
28. Ps 10:18b,c, NKJV
29. 1 Chron 12:18a, NKJV
    Is 61:10d, KJV
30. Is 50:5, NKJV
    Dan 6:22c, NKJV
31. 1 Sam 2:35b, NKJV
32. Zc 6:12e,f, NKJV
    2 Sam 18:27d,e, NKJV
33. Sir 51:18, TEV
34. Is 50:4a-d, NKJV
35. Pr 29:18c, 19a, NKJV
36. Pr 11:25, NKJV
37. Nah 1:12b,c, NKJV
    Sir 18:25, TEV
38. Sir 31:25, TEV
39. Zp 3:16d, NKJV
40. 1 K 22:13h, NKJV
41. 1 K 2:7b, NAB
42. Pr 19:22, NKJV
43. Num 5:22e, KJV
    Gn 47:29f, NKJV
44. Es-G D:8c, 9c-e, TEV
45. Pr 15:33c, NKJV
46. Ps 11:3b, NKJV
47. Pr 16:7a,c, NIV
    Lv 15:20c, KJV
    Pr 16:7e, NIV

Four

1. Ec 9:1b, TEV
   Pr 9:15b, TAB
   Ps 38:20c, KJV
2. Pr 21:21a, NAB
   Pr 21:21b, NKJV
   Pr 21:21d,c, TAB
   Pr 21:21b, RSV
3. Pr 11:23a, NKJV
4. Pr 21:15a, NKJV
5. Lv 19:33, 34a, TEV
   Lv 19:34b, NAB
   Lv 19:34f, TEV
   Ex 22:21a, NKJV
   Ex 22:20b, NAB
   Ex 22:21c, NKJV
   Lv 19:34d, TEV
   Lv 19:34e,g, NKJV
6. Lv 19:34c, NKJV
   Lv 19:34c,b,d, RSV
7. Dt 12:28c, NKJV
   Dt 6:18b, NIV
   Jb 12:8d, TAB
   Dt 12:28c, TEV
   Dt 12:28d, TLB
8. Jer 7:3c, NAB
   Jer 7:3e, TEV
9. 1 Es 9:8b, TEV
10. Ps 145:8, NKJV
11. 1 K 8:46c, NKJV
    Ps 143:2b, NASB
12. 2 Es 2:32b,c, TEV
13. Hos 4:4b,c, RSV
14. Ps 37:8, NKJV
15. Ezek 14:22e, NIV
    Pr 19:3a, KJV
    Pr 19:11a,b, NKJV
    Pr 19:11c, NAB
16. Hab 3:2f, NKJV
    2 Chron 32:32b, NKJV
17. Sir 28:1, TEV
18. Sir 28:2, TEV
19. Sir 28:3a, TEV
    Sir 28:3b, NAB
    Sir 28:3c, TEV
20. Sir 28:4a,c,e,f, TEV
    Jb 19:29d, KJV
    Sir 28:5e,a, TEV
21. Hos 8:5f, TLB
    Hos 8:5d, RSV
22. 1 Sam 8:5d, TEV
    Hos 12:6b,d, NKJV
23. 1 Sam 25:24e, TLB
    Sir 42:1b, TEV
    Gn 34:15b, TAB
    Pr 9:15c, NASB
    1 Sam 8:9d, TEV

2 K 12:15c, RSV
Amos 8:14i, KJV
2 Sam 23:6b, RSV
Lv 18:26d, KJV
Is 26:10d, KJV
1 Sam 8:11b, NAB
Jb 34:26b, KJV
24. Mic 6:6-7, NKJV
25. Mic 6:8a,c,d, NKJV
Mic 6:8g, TEV
Mic 6:8f,h,i, NIV
Mic 6:8g, NASB
Ps 130:7d, KJV
Ps 133:3e, KJV
26. Zc 7:9b,c, NASB
Zc 7:9e,g, KJV
Zc 7:9d, NAB
27. Zc 7:10e,a, NASB
Zc 7:10b,c, TLB
Zc 7:10d, NAB
28. Pr 20:11, NKJV
29. Ec 10:12a, NKJV
30. Pr 13:14a, NKJV
31. Jer 17:13g,h, NKJV
32. Jer 31:25, NKJV
33. Pr 12:20c, NKJV
Mic 2:6d, NKJV
1 Sam 2:16f, NASB
Ps 25:9b, KJV
Zc 12:10b, NKJV

Five

1. Jer 47:7a, KJV
Gn 41:38c,d, NKJV
Gn 41:38d, NASB
Gn 41:38d, RSV
Ps 67:2a, TEV
Ex 13:12d, KJV
Ps 67:2b, RSV
2. Jb 16:4a, NKJV
Hos 9:1c, TLB
Jb 16:4c, NKJV
Is 53:7c, KJV
Jb 16:4e,f, NKJV
3. Jb 16:5a, NKJV
Jb 7:15b, TEV
Jb 16:5c, NKJV
Pr 7:1c, KJV
Jb 16:5e, NKJV

Pr 3:27b, KJV
Jb 16:5g, NKJV
4. Num 13:20c, NKJV
Neh 4:14e, NKJV
Gn 25:23d, KJV
Ps 91:15a, TEV
Ezek 7:3d, RSV
5. Ru 3:12a, TEV
2 K 7:4j-m, NKJV
6. 1 Macc 12:9d, TEV
7. Ps 111:1b,c, NKJV
8. Ps 16:2d, NKJV
9. Ps 119:68a,b, NKJV
10. Ps 138:1a, 2c, NKJV
Ps 69:16c, NKJV
Ps 69:17e, NAB
Ps 69:16d, TLB
11. Ps 131:1, NKJV
12. Jb 17:3b, NKJV
13. Jb 31:5a, 7b,c, NKJV
Jb 31:9a, 10a,d, NASB
Jb 31:10c, NKJV
Num 5:27g, KJV
14. Mic 3:8a,b, NKJV
Mic 3:8d, NASB
15. Ps 103:20, 21c,d, NKJV
16. Sir 2:15, TEV
17. Dan 4:18i, NASB
18. Ex 16:16a,b, NKJV
Ex 16:16b, TLB
19. Ezek 4:10-11, NKJV
2 Chron 8:13a, NKJV
20. Sir 3:12b, NAB
Sir 3:12c, 13, TEV
21. Pr 25:17, NKJV
22. Pr 21:20c, 14a, NKJV
23. Sir 23:9, TEV
24. Sir 7:10, TEV
25. Sir 7:11, TEV
26. 1 Chron 20:4a, TEV
Judges 16:30g, KJV
Jer 5:30a, TEV
2 Chron 13:20c, NASB
1 Chron 7:22b, NKJV
Jb 2:11b, 13b,d,e,g, NKJV
27. Neh 6:11a,b, NKJV
28. Ps 116:15, NKJV
29. 2 Macc 6:27, NAB
30. Num 23:10c, NKJV
31. Jb 33:23a,c-e, 24a,b,d, NKJV

Jb 33:24b, NIV
32. Jb 33:25a, 26a,b,d, NKJV
33. Dan 8:24a,b, NKJV
34. Is 41:6a, NKJV
   2 Sam 2:28c, NKJV
35. Ps 107:30a,b, NASB
   Ps 85:10c, TLB

Purity

One

1. Gn 6:22b,c, NKJV
2. Neh 8:18a-c, NKJV
3. 2 Chron 31:20b, NKJV
4. Zc 6:13f,g, NKJV
5. Is 11:2a,b, NKJV
   Is 11:2c, NASB
   Is 11:3, 4a,b, 5, NKJV
   Is 11:12a, KJV
   Is 11:10c, NKJV
6. Pr 10:11a, NASB
7. Ps 112:7a, NKJV
   Ps 112:9b,a, TAB
8. Ps 37:30a, NAB
   Ps 37:30b,c, 31a, NKJV
9. 2 Es 4:2b, TEV
10. 2 Es 4:3a-c, TEV
11. Sir 1:26, TEV
12. 1 K 3:21e, TEV
    Pr 3:11b,c, NKJV
13. 2 Es 14:34a,b, TEV
14. Ps 31:23a,b, NKJV
    Is 12:2e,f, NKJV
    Ps 31:23d,e, NKJV
15. Ps 89:7, NKJV
    2 Chron 30:12b, NKJV
16. Dt 18:13a,d, TAB
    Dt 18:13d,e, NAB
    Ps 44:21b, NKJV
17. Pr 28:18a, NKJV
18. Mal 2:14a, NKJV
    Mal 2:14d, TLB
    Mal 2:14b-d,f, NKJV
19. Jb 5:17, NKJV
20. Sir 32:14, TEV
21. 2 Es 5:32b,c, TEV
22. Dt 6:4, NKJV
23. Dt 6:5, NKJV
24. Lv 19:26b, RSV
    Lv 19:26d, KJV
    Lv 19:26d, RSV
25. Dt 13:4, NKJV
26. Ex 23:8, NKJV
27. Lv 3:17b,a, NKJV
28. Mal 3:3e, NKJV
29. Lv 22:29, NKJV
30. 1 Chron 28:9e,f, NKJV
    1 Chron 28:9e, TEV
    1 Chron 28:9h,i, NKJV
31. Dan 2:30e, NKJV
32. Pr 4:23a, NASB
    Pr 4:23b, RSV
    Pr 4:23c,e, TAB
    Joel 3:18f, KJV
    Pr 4:23d, NASB
33. Pr 4:24b, NASB
    Pr 4:24a, NAB
34. Pr 4:25, NASB
    Pr 4:26, NKJV

Two

1. 2 Chron 12:6, NKJV
   Jer 42:6a,b, NKJV
   Is 5:21, NKJV
2. 2 Chron 6:8e,c, NKJV
   Dt 6:17b, NKJV
   Ps 30:5, NKJV
3. Neh 10:28g,k, NKJV
   2 K 12:15b, NKJV
   2 K 22:7b,d, NKJV
   2 K 12:15c, NASB
   Neh 13:13f, NKJV
   1 Chron 29:9c, NKJV
   Neh 13:13g, NKJV
   1 Chron 16:37b, NKJV
4. Ws 16:28b, TEV
   2 Chron 31:2f, KJV
   Ws 16:28d, TEV
5. Neh 6:10e, NKJV
6. Is 9:21e, KJV
   Ps 107:31c, NKJV
7. Az 17a,b, TEV
8. Ps 115:1, NKJV

Three

1. 2 K 7:20c, NASB
2. 1 Chron 26:14d,c, NKJV
   2 Chron 22:9j, NKJV
   2 Chron 23:3f, NKJV
   1 K 3:6d-f, NKJV
3. 2 Sam 16:13a,c-e, NKJV
4. 2 Sam 16:7a,g,e, NKJV
   2 Sam 16:7f, TEV
5. 2 Sam 16:11b,f-h, 12, NKJV
6. 2 K 4:8d, NKJV

1 K 1:3c, TLB
2 K 4:8a, 9b,d, NKJV
Dan 4:8d, NKJV
2 K 4:10, NKJV
7. 1 Sam 13:14b, TLB
1 Sam 13:14c, NKJV
8. Ru 3:10b,c,e,f, NKJV
9. 2 K 10:30c, NKJV
10. Jb 15:34a, NKJV
Hos 9:11c-e, NKJV
11. 1 Sam 1:15d-f, NKJV
12. Joel 2:23e, NKJV
Ec 12:10b-d, 9h,j,a,d,f, NKJV

Four

1. Sir 2:4-5, TEV
2. Sir 3:14-15, TEV
3. Sir 4:26, TEV
4. Sir 4:27, TEV
5. Sir 7:14, TEV
6. Sir 9:1-3, TEV
7. Pr 31:30, 31a,b, NKJV
8. Pr 20:27, NKJV
9. Ec 7:1, NKJV
10. Ec 7:2, NKJV
11. Ec 7:3a,b, NKJV
Ec 7:3c, RSV
12. Ec 7:4, NKJV
13. Ec 12:11, 12c, NKJV
14. Pr 20:5, NKJV
15. Ps 16:7a, NIV
Ps 16:7b, NKJV
Ps 16:7c, NIV
Ps 16:7d, NKJV
16. Is 54:5b, NKJV
Ps 27:10, NKJV
17. Pr 20:7a, NKJV
Jb 4:6, NKJV
18. Joel 3:17d, NKJV
19. Ec 5:1, RSV
20. Ec 5:2a,c, NASB
Ec 5:2b, NKJV
Ec 5:2e-g, NASB
Ec 5:3a,d, NKJV
21. Ps 4:5, NKJV
22. Ps 116:11b, NKJV
Ps 73:28a, NKJV
23. Is 52:11f, NKJV
24. Ec 10:20a-f, NKJV

Ec 10:20f, NASB
25. Sir 10:26, TEV
26. Sir 11:9, TEV
27. Sir 31:5a, TEV
Sir 31:5c,b, NAB
28. Sir 32:16, TEV
29. Sir 26:14, TEV
30. Sir 28:24-25, TEV
31. Sir 30:21, TEV
32. Sir 22:13, TEV
33. Ps 119:113a, NASB
34. Ps 4:4a-d, NKJV
35. 1 Chron 23:30b,c, NKJV
36. Pr 14:33a, NKJV
37. Ps 37:7a, NKJV
Dt 5:14e, NASB
Dt 5:14m, NKJV
Is 34:14f,d, KJV
Dt 5:14d, NASB
38. 2 Chron 20:21d, NKJV
39. Ps 116:1a, NKJV
40. Pr 27:2, NKJV
41. Sir 9:15-16, TEV
42. Sir 5:9-10, TEV
43. Pr 26:4, NKJV
44. Sir 18:19, TEV
45. Sir 20:29, TEV
46. Pr 15:28a, NKJV
47. Pr 15:26c, NKJV
48. Pr 10:12, NKJV
49. Pr 28:10a, NKJV
Pr 28:10b, NIV
Pr 28:10c, NKJV
50. Sir 20:21, TEV
51. Ec 4:6a, NKJV
Ec 4:6b, KJV
Ec 4:6c, NKJV
Ec 4:6d, TAB
Ec 4:6e, KJV
52. Ec 5:12a, NKJV
53. Ps 37:1, NKJV
54. Pr 10:21a, NKJV
55. Pr 14:30, NKJV
56. Is 57:1-2, NKJV

Five

1. Pr 1:10b,c, 15b, NKJV
Pr 1:15c, NIV
Pr 1:15d, RSV

Pr 1:18b,c, 19, NKJV
2. Ps 119:70a, TAB
   Ps 119:70b,c, NIV
   Ps 119:70b,d,e, TAB
3. Pr 28:14, NKJV
4. Ps 94:20, NKJV
5. Dan 12:3a, NAB
   Dan 12:3a, NIV
   Dan 12:3b, NASB
   Dt 33:26d, KJV
   Dan 12:3d,e, NASB
6. Is 35:10d,e, NKJV
7. Ps 16:3b-d, NKJV
8. Ps 119:63, NKJV
9. Ps 5:11d, NKJV
10. Ps 9:10b-d, NKJV
    Neh 1:5f,e,g, NKJV
    2 Chron 6:14e, NKJV
11. Ps 119:1a, 2b, 3, NKJV
12. Ps 119:4, NKJV
    1 Chron 29:17a-c, NKJV
13. Ps 84:4a, NKJV

Six

1. Jer 3:19e-g, NKJV
2. Jer 15:19e,f, NKJV
3. 1 K 2:4c,d, NKJV
   Hos 2:19, 20a,b, NKJV
   Jer 24:7b, KJV
4. Pr 2:9a,c, NAB
   Pr 2:9b, NKJV
5. 2 Es 6:32b, TEV
6. Jb 1:9a, TAB
   Jb 1:9b,c, NKJV
7. 2 Chron 32:31d-f, NKJV
8. Jb 19:28d, NKJV
   Ps 73:13a, NKJV
9. Pr 20:9a, TEV
   Pr 20:9b,c, NKJV
10. Ps 38:18a, NKJV
    2 Sam 18:13a, NKJV
11. 2 Sam 18:13b, NKJV
    Dan 4:9d, NKJV
12. Pr 21:4a, NKJV
    Pr 21:4b, NASB
    Pr 21:4d, NKJV
13. Sir 15:11, TEV
14. Az 65, TEV
15. Ps 1:5b,e, NKJV
16. Sir 25:10d, TEV
17. Ps 12:6a, NKJV
18. Ps 149:4b, NKJV
19. Jb 31:33a, NIV
    Jb 31:33d, NAB
    Jb 31:33c, NIV
    Jb 31:33b, 34a-c, NKJV
    Jb 31:34d, NASB
    Jb 31:34c, TEV
    Is 64:4d, KJV
    Ps 26:11c,d, RSV
20. Num 8:1, RSV
    2 Es 8:47b,c, 48-49, TEV
21. 2 Sam 2:1a, RSV
    Mic 5:5b, KJV
    Mic 4:12b, KJV
    Dan 4:34e, NKJV
    Jer 31:26b, NKJV
22. Jb 2:4, 5a,b, NAB
23. 1 Sam 30:1b, KJV
    Dan 3:27k, KJV
    Dt 28:22e, KJV
    Ezek 30:24e, KJV
    Jer 31:33e, KJV
    Pr 28:7c, KJV
    Is 49:7b,d, NIV
    2 K 6:27b, TEV
    Dt 7:15b, TEV
24. Jb 4:7a,b, NKJV
    2 Sam 19:42c, NKJV
    Jb 2:10b-d, NKJV
25. Jb 2:10e, NAB
    Jb 2:10f, NKJV
26. 1 Sam 15:32e, NKJV
27. 2 Es 14:13b,d-f, 14, 15a,b, TEV
28. 2 K 22:20e, NKJV
29. Dan 10:12b,d,e, NKJV
    Ps 48:14c,d, NKJV
30. Ps 48:14a,b, NKJV

Seven

1. Ps 40:8b, TEV
   Ps 40:8b,c, NKJV
2. Is 38:17, 19a,d,e, NKJV
3. Ps 38:2b, NKJV
4. Ps 119:133, NKJV
5. Ps 119:37, NKJV
6. Ps 69:8, NKJV

Ps 102:7c, NKJV
7. Ps 88:18a, NKJV
Ps 119:19, NKJV
8. Ps 119:62a, NKJV
9. Ps 119:164a, 77a,b, NKJV
10. Ps 17:3d, NKJV
11. Ps 19:14, NKJV
12. Ps 63:8a, NKJV
Ps 119:80a, KJV
13. Ps 119:45, NKJV
14. Ps 119:140, NKJV
15. Ps 119:136, NKJV
16. Ps 17:15a,c, NKJV
17. Ps 63:3, NKJV
18. Ps 84:5a, 7c, 5c, NKJV
Ps 84:5f, TAB
19. Is 26:3a,b, NKJV
20. Ps 51:16-17, NKJV
21. Ps 119:58a, NKJV
22. Ps 142:5, NKJV
23. Ps 26:4-5, NKJV
24. 2 K 20:3e, NKJV
25. Ps 119:10, 11a, NKJV
26. Ps 119:112a, NKJV
Ps 77:6d, KJV
Ps 119:112c,d, NKJV
27. Ps 119:55a,b, 102b, NKJV
28. Is 26:9c, NKJV
29. Ps 139:23, 24b,c, NKJV
30. Ps 92:5c, NKJV
31. Pr 30:7, 8a, NKJV
Josh 2:12f, KJV
Pr 30:8c,d, 9, NKJV
32. Ps 26:2-3, NKJV
33. Ps 51:10a,c, RSV
Ps 51:10d, NASB
Ps 51:11, NKJV
34. Ps 119:22a,c,b, NKJV
35. Ps 141:3a,c,d, 4a, NKJV
36. Ps 23:4c,d, 6a, NKJV
37. Ps 31:5a,b, TLB
Ps 31:5c, NKJV

Eight

1. Hos 3:3a, NASB
Hos 3:3b-e, NKJV
Ezek 23:48b, NKJV
Ezek 23:48c, TEV
Ezek 23:48d, NKJV

Ezek 23:48d, NASB
Ezek 23:48e,g, NKJV
2. Ps 119:9a, NKJV
Ps 119:9b,g,f, TAB
3. Ps 19:7, 8a, NKJV
Neh 9:33b, TAB
Ps 19:8c-e, 9, 10a,d, NKJV
4. Sir 14:20b, TEV
Sir 14:20b,c, NAB
Sir 14:21, 22a, TEV
Sir 14:22c, NAB
Sir 14:22c, TEV
Sir 14:22a,f, NAB
Sir 14:23a, TEV
Sir 14:23b, NAB
Sir 14:23c, 24a, NKJV
Sir 14:24b, NAB
Sir 14:26-27, TEV
5. Ps 106:24c, KJV
2 Chron 32:27h, KJV
Jb 39:17b, TAB
Pr 1:9b, NKJV
Pr 1:9e, TLB
Pr 1:9c, RSV
6. Ws 6:15-16, TEV
7. Ws 6:17, 18a, TEV
8. Ws 1:4c,b,d, NAB
Ws 1:4b,d, TEV
9. Ws 7:22d-m, 23, TEV
10. Ws 7:24a,b,d, NAB
Ws 7:25a,b,d,e,g, TEV
Ws 7:25c, NAB
Ws 7:26, TEV
11. Ws 7:27, TEV
12. Ws 7:28, TEV
Ws 7:29, 30a-c, NAB
Ws 7:30b, TEV
13. Ws 8:2-4, TEV
14. Ws 8:5, 6, 7a-d, TEV
Ws 8:7d, NAB
Ws 8:7f, TEV
15. Ws 8:8, TEV
16. Ws 8:9, 16, TEV
17. Ws 8:17, 18, TEV
18. Ps 111:10a,b, RSV

Nine

1. Pr 20:22a-c, NKJV
1 K 21:25c, KJV

Pr 20:22d, NKJV
2. Is 50:6, NKJV
3. Is 50:7a,b,d,e, NKJV
4. 2 Sam 22:20c, TEV
   2 Sam 22:21a, NKJV
   2 Sam 22:21b,d, 22, TAB
5. Jb 23:11, RSV
   Jb 23:12, NKJV
6. Is 50:8, NKJV
7. Hab 3:17, 18a, NKJV
8. Jb 13:15, NKJV
9. 2 Sam 15:26a, NKJV
   2 Sam 15:26b, NIV
   2 Sam 15:26c,d, NKJV
10. Jb 16:12a,b, NKJV
11. Jb 9:14, NKJV
12. Ps 118:18, NKJV
13. Is 50:9, NKJV
14. Mic 7:9a,b, NKJV
15. Jb 42:3d, NKJV
16. Ps 130:6a, RSV
17. Dan 12:12a, NKJV
18. Ps 104:34a, NKJV
19. Ps 91:1, 2a,b, NKJV
20. Ps 23:1, 2, 3a, NKJV
    Ps 23:3b,c, TAB
    Ps 23:3b, NASB
    Zc 8:16d, KJV
21. Ps 116:12, NKJV

Ten

1. Jb 17:9b,c, NASB
2. Es-G 3:4a,b, TEV
3. Es-G 3:4c,d, TEV
   Ps 119:115, NKJV
4. 2 Chron 8:15a, KJV
   Dan 6:4c,e,f,h, NKJV
5. 1 Sam 16:7b, NKJV
   1 Sam 16:7e, TLB
   1 Sam 16:7f, NAB
6. Pr 16:2, NKJV
7. Pr 28:5a, TEV
   Pr 28:5b, NKJV
   Pr 28:5c, TEV
8. 2 Chron 31:21a,c-g, NKJV
9. Josh 23:11b,c, NKJV
   Hos 1:10f, TEV
10. Mal 2:16g,h, NKJV
11. Zp 3:17e, NKJV

12. Ps 91:9a,d, 10a, NKJV
13. 2 Chron 20:17a-c,f, NKJV
14. Jb 22:22a-c, NKJV
    Jb 22:22b, NASB
15. Pr 23:17, NKJV
16. Pr 24:1, NKJV
17. Jb 22:25, NKJV
    Jb 22:26, RSV
18. Pr 2:10, 11a, 12-14, NKJV
19. Ec 12:13c,d, TEV
    Ec 12:13h,m, TAB
20. Pr 16:6a, NKJV
21. 2 Chron 30:18k-m, 19a,b, NAB
    2 Chron 30:19d, NIV
    2 Chron 30:19d, KJV
    2 Chron 30:19f, NIV
22. Pr 3:13, RSV
    Pr 3:14a, NIV
    Pr 3:15b, 17, RSV
    Pr 3:18a, NIV
    Pr 3:18c,b, TLB

Eleven

1. Ezek 16:41e, NKJV
2. Pr 6:25a, NKJV
   Ezek 7:20b, KJV
   Pr 5:8c, TAB
   Pr 6:25b, RSV
   Pr 6:25c, NASB
   Pr 6:26a,c,f, KJV
   Pr 6:27, NASB
   Pr 6:28, 29, NKJV
3. Ezek 23:48a, NKJV
4. 1 K 20:12e, TEV
   Dan 3:28i, NKJV
   Lv 23:16c, NASB
   Dan 3:28j, NKJV
5. Is 57:15b-e, NKJV
   Is 57:15f,g, TAB
6. Ps 50:23, NKJV
   Ps 91:14a, NKJV
7. Pr 8:12a-c, 20, 35a, 36a, 34a,d, NKJV
8. Pr 28:13, NKJV
   Ws 5:18, 19, TEV
   1 K 21:29b, NKJV
9. Is 42:1a-c, NKJV
   Ps 149:4b, TAB
10. Is 42:1e,f,h, TAB

Is 42:2a, NASB
Is 42:2b, TEV
11. Lam 3:30, NKJV
    Lam 3:30d, TAB
12. Is 42:3, NAB
    Is 42:4a, NKJV
    Is 42:4a,f,c, NAB
    Is 42:3c, TEV
    Dt 12:1e, KJV
13. Is 66:2b, NKJV
    Josh 2:23f, KJV
    Is 66:2d, NKJV
    Is 66:2e,f, KJV
    Is 66:2h, NKJV
14. Is 42:23, NKJV
15. Is 51:1a,b, NIV
    Is 51:1e, 2a,b,d, TEV
    Mal 3:6b,c, TAB
16. Jer 13:15, NKJV
17. Is 30:15a-d, NKJV
18. Is 30:21a-d, NKJV
19. 2 K 9:32c,d, NKJV

Beauty

One

1. Lv 19:18a, TEV
   Lv 19:18b, KJV
   Lv 19:18c, NKJV
   Hos 12:10b, KJV
   Ps 98:6c,d, TLB
   Dt 33:2f, KJV
2. Pr 14:21c,d, NKJV
3. Ezek 34:31a-d, NKJV
4. Pr 13:19a, NKJV
5. Ps 2:4a, NKJV
   Ps 87:6c, NKJV
6. Jer 23:23a, TAB
   1 Sam 23:20d, NKJV
7. 2 Sam 22:3e,f, NKJV
8. Ps 89:14, NKJV
   Jer 29:20a, TEV
   Hag 1:6i, TAB
   Song 7:6b, RSV
9. Ps 93:5b, NKJV
10. Hag 2:5c,d, NKJV
11. Zc 6:7e,f, NKJV
    Ps 119:45b, NIV
    Zc 10:12c, NKJV
    Jer 16:21f, KJV
12. Jer 3:15, NKJV
13. Ezra 5:2b,c, NKJV
14. 2 Es 14:22e, TEV

Two

1. Ps 119:161c, 162, NKJV
2. 1 Chron 16:4e, NKJV
   Jb 32:17c, 8c, KJV
3. Jon 4:2h, NKJV
   Jon 4:2i, KJV
   Neh 9:17f, NAB
   Neh 9:17g,e, RSV
   Neh 9:17g, NASB
   Jon 4:2k, NKJV
4. 2 Es 8:31c, TEV
5. 2 Es 7:135, TEV
6. Hab 3:6e, NKJV
7. Is 1:2d,e, NKJV
   1 Sam 17:47b, NKJV
8. Ws 13:5, 3c, TEV
9. Sir 43:1, TEV
10. Sir 43:2-3, TEV
11. Sir 43:4, TEV
12. Sir 43:5, TEV
13. Sir 43:9-10, TEV
14. Sir 43:11, 12a, TEV
    Sir 43:12c, NAB
    Sir 43:12c, TEV
15. Sir 43:19, TEV
16. Pr 22:11a, NKJV
    Bar 5:4, TEV
17. Ps 95:6c, NKJV
18. Ps 96:9a, NASB
19. Ps 145:21c, NKJV
20. Jer 31:14, NKJV
21. Is 60:21a,e, NKJV
22. Zc 6:15d,f, NKJV
23. Ezra 5:7d, NKJV
    Ps 63:5b, TAB
    Ps 13:2b, KJV
    Ps 63:5a, TAB
    Ps 63:5b, TEV
    Ps 63:5b, NIV
24. 2 Macc 1:2a, 3-5, TEV
25. Ps 36:7-8, NKJV
26. Ps 36:9, NKJV
27. Ps 36:10a, KJV
28. Ps 87:7b, NKJV
29. Jer 31:3, NKJV
    Ps 133:3c, NIV
30. 1 Chron 17:11b, NKJV
    Gn 15:15b, NKJV
    2 K 22:20e, RSV

Three

1. Is 1:18a-c, TAB
2. Hos 2:1, NKJV
3. Ps 133:1, NKJV
   Mic 7:5b, TAB
   Amos 1:9g, NKJV
4. Sir 40:17, TEV
5. Ps 45:10a-c, NKJV
   Sir 26:2, TEV
6. Pr 11:16a, NAB
7. Sir 26:15, TEV
8. Pr 31:10a-c, NASB
   Pr 31:10c, RSV
   Pr 31:10c, NIV
   Pr 31:11a, 12, 13b, 15b, NKJV
   Pr 31:20a, NKJV

Pr 31:25a, 26, NASB
Pr 31:27a, NKJV
Pr 31:27b,c, 28a-c, NASB
Ps 138:5a, NAB
9. Ps 119:96, NKJV
10. Ps 27:4a, NKJV
Dt 15:2a, KJV
Ps 27:4c,d, NKJV
Ps 27:4i,l,m, TAB
Ps 27:4f, 5b, NKJV
11. Hab 3:19a,c, TAB
Hab 3:19b, NIV
Ps 78:55b, NASB
Hab 3:19d, NIV
Hab 3:19d, NKJV
12. Sir 24:19-22, TEV
13. Sir 24:3a, TEV
14. Sir 24:3b, 4-6, 13, 16, TEV
15. Sir 6:27a, TEV
Is 60:14e,d, NKJV
Sir 6:27c,d, 28, TEV
16. Joel 3:18d, NKJV
Ezek 47:9g, 12g, NKJV
17. Is 2:3a-c,e,f, NKJV
18. Jer 31:6b-d, NKJV
19. Ps 87:3a,b, NKJV

Four

1. Zc 2:10c,d, NKJV
2. Jer 31:23e-g, NKJV
3. 2 Es 7:113b,c, 114, TEV
4. Is 2:2b,d,f, NKJV
5. Jer 31:13a, NKJV
Jer 31:13b,d, TEV
Jer 31:13c-g, NKJV
6. Is 29:18-19, NKJV
7. Ezek 34:25a,c, NKJV
8. Jb 5:22c, 23, NKJV
Jb 5:24a, RSV
Jb 5:24h, NKJV
Jb 5:24b, TLB
Jb 5:24d, NKJV
9. Is 60:18a, NKJV
Is 2:4e,c,d,f, NKJV
10. Is 11:6a-c, 7-9, NKJV
11. Is 51:3a,e,f, NKJV
12. Is 54:13-14, NKJV

Five

1. Is 26:9f,g, NKJV
2. Zc 9:17, NKJV
3. Ob 6c, NKJV
4. 2 Es 14:45e,f,h,i, TEV
Dan 7:14d-g, KJV
5. Ps 98:4, NKJV
6. Ps 85:12a,b, NKJV
7. Ps 72:6, NKJV
8. Mal 4:6a,b, NASB
9. Ps 85:8b, NKJV
10. 2 Sam 7:26a, NKJV
11. Ps 17:7a, NKJV
12. 2 Sam 22:36c, 37, NKJV
13. Hab 3:18b, NKJV
Is 35:2c, KJV
Ps 101:1a, NKJV
Ps 101:2a, NASB
Ps 101:2d, NKJV
14. 1 Chron 17:2b,c, NKJV
15. Sir 22:17, TEV
16. Pr 15:24a, NKJV
17. 2 Es 7:125b, TEV
18. Ec 8:1c, NKJV
19. Pr 22:17a, 18a, NKJV
20. Pr 10:13a, NKJV
21. Pr 15:15c, NASB
22. Pr 24:26a, NKJV
Pr 24:26a, TEV
Pr 24:26c, NKJV
23. Pr 17:17a, NAB
24. Ps 29:2b, NKJV
25. Ps 37:6a, TAB
Ps 37:6b,c, NKJV
26. Sir 10:18, TEV
27. Zc 2:8e, NKJV
28. 2 Macc 7:29b, TEV
29. Ps 22:26g, TAB

Six

1. Ps 37:11a, NKJV
Ps 37:11b, TEV
2. Ob 21a, NAB
Dan 9:24c, NASB
Dan 9:24d,e, NKJV
Ob 21c, NKJV
3. Zc 3:10a-c, NKJV
2 Chron 18:12f, NKJV

4. Is 29:24a, RSV
   Is 29:24b, NKJV
   Is 29:24c, NAB
   Is 29:24d, KJV
5. Zp 3:9, NKJV
6. Zp 3:11a, RSV
   Zp 3:11b, NKJV
7. Is 24:2, NKJV
8. Neh 8:17c, NKJV
   Ezra 6:22b, NKJV
9. Ps 99:4b, NKJV
10. Nah 1:15a,c,d, NKJV
11. Is 59:20a, NKJV
    Mic 7:9d, NKJV
12. 1 Es 6:10, TEV
13. 1 Sam 25:3e, NKJV
14. Jer 31:12a-f, NKJV
    Jer 31:40h, KJV
15. 1 Macc 13:40b, TEV
16. Dan 6:25b, NIV
    Dan 9:26c, NASB
    Dan 6:25d, TEV
    2 Sam 15:27d,e, KJV
    Ezra 7:12e, NKJV
17. 2 Chron 23:21b, NKJV
18. Ps 90:17a, NKJV
    Is 33:17b, TAB
    Ps 90:17b, NKJV
    Ps 90:17d, TEV
19. Ps 106:48b-d, NKJV
20. 2 Macc 15:37c, 38a,b, TEV
    2 Macc 15:38c, NAB
    2 Macc 15:38d,e, TEV

www.ingramcontent.com/pod-product-compliance
Lightning Source LLC
Chambersburg PA
CBHW052033030426
42337CB00027B/4987